Knaur

Von E. Gambsch sind außerdem erschienen:

»Die 300 besten Ärzte-Witze« (Band 2768)
»Die 300 besten Polizisten-Witze« (Band 2769)
»Die 300 besten Beamten-Witze« (Band 2770)
»Die 300 besten Psychiater-Witze« (Band 2771)
»Die 300 besten Ehe-Witze« (Band 2772)
»Die 300 besten Männer-Witze« (Band 2779)
»Die 300 besten Irren-Witze« (Band 2780)
»Die 300 besten Horror-Witze« (Band 2781)
»Die 300 besten Büro-Witze« (Band 2782)
»Die 300 besten Autofahrer-Witze« (Band 2783)
»Die 300 besten Graf-Bobby-Witze« (Band 2785)
»Die 300 besten Party-Witze« (Band 2648)
»Die 300 besten Juristen-Witze« (Band 2784)
»Die 300 besten Bayern-Witze« (Band 2795)
»Die 300 besten Schüler-Witze« (Band 2796)
»Die 300 besten Soldaten-Witze« (Band 2797)
»Die 300 besten Sportler-Witze« (Band 2798)
»Die 300 besten Vertreter-Witze« (Band 2799)
»Die 200 besten Dino-Witze« (Band 73023)

Originalausgabe Oktober 1990

Umschlagillustration Dietmar Grosse
Satz IBV Satz- und Datentechnik GmbH, Berlin
Reproduktion Reproteam Ulm
Druck und Bindung Ebner Ulm
Printed in Germany 5 4 3
ISBN 3-426-02773-9

E. Gambsch (Hrsg.):

Die 300 besten Sex-Witze

Mit Karikaturen von Dietmar Grosse

Knaur

Inhalt

»Wo ein Wille ist, da ist auch ein Gebüsch!«

oder

Wissen Sie was Besseres (als Sex)?

Abelein steht an der Theke, schaut tiefsinnig in sein Bier und seufzt immer wieder: »Diese verdammte Bumserei. Diese verdammte Bumserei. Nein, nein, diese verdammte Bumserei.«
Der Wirt hört sich das eine ganze Weile mit an, dann fragt er kopfschüttelnd: »Was ist denn los mit dir? Was hast du bloß dagegen?«
»Was heißt dagegen?« seufzt Abelein. »Ich habe mich ja so daran gewöhnt an diese verdammte Bumserei!«

Es sagte der Sexualkunde-Lehrer:

»Silvia, hör bitte auf, nach jedem Satz von mir ›Au, prima!‹ zu brüllen!«

Der Rechtsanwalt verliest das Testament eines reichen Mannes. Gierig spitzen seine Frau und die Angehörigen die Ohren. Das Dokument ist sehr kurz.
Liebe Eulalia, liebe Familie! Im Vollbesitz meiner geistigen Kräfte habe ich den ganzen Zaster mit tollen Frauen verhurt.

*

Nach der Untersuchung ist der Arzt mit dem jungen Mann sehr zufrieden.
»Und mit dem Sex ist sicher auch alles in Ordnung?«
»Nun, dreimal in der Woche klappt's schon«, antwortet der Patient.
»Bei Ihrer Konstitution müßte es aber dreimal am Tag gehen«, scherzt der Arzt.
»Ich würde schon gern«, meint der junge Mann etwas verlegen, »aber als katholischer Pfarrer auf dem Land ist das gar nicht so einfach.«

Die große Schwester verschwindet mit ihrem Freund im Schlafzimmer. Mäxchen klemmt sich sofort ans Schlüsselloch.
»Das darf doch nicht wahr sein!« empört er sich nach einigen Minuten. »Und mir knallen sie schon eine, wenn ich nur am Daumen lutsche!«

*

Der Sexstar wird interviewt.
»Was ist Ihnen am Mann das wichtigste?« fragt der Reporter.
»Die Intelligenz.«
»Was noch?«
»Die Treue.«
»Was noch?«
Jetzt reicht es ihr. »Hören Sie auf mit der blöden Fragerei, sonst sage ich die Wahrheit!«

Es sagte der Psychologe:

»Eigentlich ist es doch seltsam, daß gerade die Hauptsache innerhalb zwischenmenschlicher Beziehungen so gar nichts mit dem Kopf zu tun hat.«

Das schon ein wenig ältere Fräulein Lehmann erzählt im Büro: »Wir drehen den Fernseher immer leiser, damit die Nachbarn nichts hören...«
Errötend meint ihre jüngere Kollegin: »Mein Freund und ich stellen ihn immer lauter, damit die Nachbarn nichts hören...«

SEX HAT NUN ECHT NICHTS MIT DER PIMMELGRÖSSE ZU TUN
GENAU. ER MUSS WIRKLICH NICHT GROSS SEIN!
JUNGS, DAS IST DOCH ALLES NUR EINE FRAGE DER TECHNIK.

»Werner, wo kommst du denn jetzt erst her? Die Schule ist doch längst aus«, schimpft die Mutter.
»Ich habe mit meiner Freundin geschlafen«, erklärt der Sohn.
Die Mutter schnappt nach Luft. »Junge, ich bin enttäuscht von dir. Aber weil du so ehrlich bist – hier sind fünf Mark – kauf dir einen Milch-Shake.«
Am nächsten Tag kommt Werner wieder zu spät nach Hause. Diesmal hat er es mit der Schwester seiner Freundin getrieben.
»Sag mal, wo soll das bloß noch hinführen?« fragt die Mutter. »Aber hier sind fünf Mark für einen Milch-Shake. Schließlich hast du nicht gelogen.«
Am dritten Tag kommt Werner erst am späten Abend nach Hause und sagt: »Heute habe ich fünf Mädchen aus der Oberstufe gebumst.«
Da geht der Vater in die Küche und greift zur Bratpfanne. Seine Frau hält ihn fest. »Bitte, Karl, schlag ihn nicht!«
»Blödsinn«, antwortet der Vater, »ich haue unserem Jungen ein Steak in die Pfanne. Oder glaubst du, daß er mit deinem schlappen Milchgesöff noch lange durchhält?«

*

Ein Schweizer will beim amerikanischen Konsulat ein Visum beantragen und füllt den dafür notwendigen Fragebogen aus. Nachdem er Namen und Alter angegeben hat, stößt er auf die Frage ›Sex‹ und gerät ins Stocken.
Schließlich schluckt er tapfer und schreibt: *Ja, zweimal in Genf.*

*

Der Ehemann bekommt mitten in der Nacht Lustgefühle und weckt seine Frau.
Diese murmelt verschlafen: »Und dafür weckst du mich, Schatz? Du weißt doch, wo alles ist.«

Eine junge Dame winkt in einem Vorort ein Taxi herbei und gibt dem Fahrer die Adresse an. Der Weg ist weit, und die junge Dame schläft ein. Leider hat der Fahrer die Hausnummer vergessen.
Er stößt schließlich das Mädchen an und fragt: »Wie war die Nummer?«
Murmelt sie schlaftrunken: »Wunderbar, einfach wunderbar!«

*

Alfons und Bepperl an einem Weidezaun.
»Du, schau mal«, sagt Alfons, »der Stier steigt auf die Kuh. Wie oft macht er das wohl?«
»Im Jahr einmal«, antwortet Bepperl.
»Aber warum denn bloß so selten?«
»Weil's halt ein Rindvieh ist!«

Es empörte sich die Mutter:

»Bist du wahnsinnig! Du bist erst sechzehn und willst schon die Pille?«
»Klar, Mami, wer garantiert mir denn, daß ich noch mal drei Jahre Glück habe?«

Wie gewohnt gehen zwei ältere Damen in ihrer gemeinsamen Wohnung zu Bett.
Plötzlich meint die eine: »War da nicht eben ein Geräusch?«
»Ja«, sagt die andere, »da muß ein Mann unterm Bett liegen!«
»Wenn es so ist, gehört er mir, schließlich habe ich das Geräusch zuerst gehört!«

Ein junges Mädchen in der überfüllten U-Bahn.
»Würde mir bitte einer der Herren einen Platz anbieten, ich bin schwanger.«
Widerwillig erhebt sich einer der Kavaliere, mustert das junge Ding und sagt mürrisch: »Man sieht ja nichts, seit wann sind Sie denn schwanger?«
Sie, mit Triumph in der Stimme: »Seit einer Viertelstunde. Ich habe noch immer ganz weiche Knie!«

*

Sie: »Liebst du mich?«
Er: »Ja.«
Sie: »Heiratest du mich auch?«
Er: »Nein.«
Sie: »Runter!«

*

Im Zugabteil sitzen eine Dame und zwei Herren. Die beiden unterhalten sich.
»Sehen Sie das Wäldchen? Da wird unheimlich viel gevögelt.«
Minuten später. »Sehen Sie diese Hecke? Dort wird unheimlich viel gevögelt.«
Kurz darauf: »Sehen Sie die Scheune? Dort wird unheimlich viel gevögelt.«
»Die Herren sind wohl aus der Gegend?« fragt die Dame schließlich spitz.
»Keineswegs«, meint der eine, »aber es wird doch überall unheimlich viel gevögelt.«

*

»Was macht ihr denn da?« fragt Peterchen, als er überraschend ins Elternschlafzimmer kommt.
Klärt ihn der Vater auf: »Das nennt man Liebesspiel.«
»Aha, und wer gewinnt gerade?«

Elvira und Ferdinand gehen durch den Wald.
Da sagt Elvira: »Ferdinand, sei ehrlich, ich hab' das Gefühl, du willst mich bumsen.«
»Aber woher denn!« protestiert er. »Hältst du mich etwa für einen Lustmolch?«
Etwas später. »Ferdinand, du kannst leugnen, soviel du willst, aber ich habe das Gefühl, du willst mich bumsen!«
Ferdinand ist entrüstet: »Wirklich, Elvira, ich denke überhaupt nicht daran!«
Ein paar Meter weiter bleibt sie stehen. »Ferdinand, tu mir den Gefallen und bums mich, damit ich dieses blöde Gefühl loswerde.«

Es sagte die Tochter:

»Jetzt, wo ich zu Hause ausgezogen bin, kann ich mich endlich selbst verwirklichen. Ich hätte allerdings nie gedacht, wie viele Männer ich dazu benötige.«

Er: »Hast du schon mal was mit einem Mann gehabt?«
Sie: »Nur ein ganz kleines Stückchen ...«

*

In der Kirche der Unbefleckten Empfängnis kniet ein junges Mädchen, tief ins Gebet versunken.
»Heilige Jungfrau Maria«, flüstert sie, »du, die du empfangen hast, ohne zu sündigen, gib, daß ich sündigen kann, ohne zu empfangen.«

*

»Ich glaube, du liebst mich nicht mehr«, sagt sie zu ihm.
Er ächzt: »Natürlich liebe ich dich noch. Aber man wird ja noch zehn Minuten verschnaufen können!«

Peterchen spielt draußen. Nach einer halben Stunde kommt er ins Haus. »Oma, meine Hände sind so kalt.«
Diese rät ihm: »Geh rauf in dein Zimmer und reib sie dir schön warm.«
Peterchen tut dies und geht anschließend wieder raus, um an seinem Schneemann weiterzubauen. Später kommt er wieder rein. »Oma, meine Füße sind so kalt.«
Wieder Omas Rat: »Geh rauf und reib sie dir schön warm.«
Danach geht Peterchen wieder nach draußen. Nach zwanzig Minuten sagt er ganz leise zu Oma: »Mein kleiner Mann ist ganz kalt.«
Omas Tip: »Geh rauf und reib ihn dir schön warm.«
Als Peterchen nach einer Stunde noch immer nicht aufgetaucht ist, geht Oma nachsehen. Peterchen sitzt da und reibt an seinem kleinen Mann.
»Aber Peterchen, was tust du da?«
Antwortet dieser freudestrahlend: »Ach, Oma, es ist immer so schön, wenn der Frost rauskommt!«

Es fragte die Sexberaterin:

»Wußten Sie schon, daß man beim Orgasmus ein ganz tolles Schamgefühl hat?«

Sonja, bereits fünfzehn, hat am Abend zuvor mit ihrem Freund etwas Neues probiert. Am anderen Tag hätte sie es in der Schule gern ihren Freundinnen erzählt, aber merkwürdigerweise redet niemand vom Thema Nummer eins.
Endlich, in der Turnhalle, kann sie das Geheimnis nicht länger bewahren und sagt anzüglich: »Kinder, wie das hier zieht, so ganz ohne Jungfernhäutchen!«

SAG MAL, ROLF, WOHIN GEHT DER STORCH EIGENTLICH, WENN ER DAS BABY GEBRACHT HAT?
WEISS NICHT! – VIELLEICHT GEHT ER VÖGELN.

Verwirrt kommt die Vierzehnjährige nach Hause.
»Mutti, Mutti, in der U-Bahn saß ein Mann neben mir. Erst hat er mir die Hand auf die Schulter gelegt, dann aufs Knie, dann auf den Bauch. Und dann...«
»Hör auf!« stöhnt die Mutter. »Du machst mich ja ganz geil!«

*

Das Kindermädchen geht mit den ihr anvertrauten Kindern in den Tierpark. Sie kommen vor das große Affengehege, und das Kindermädchen sieht mit Entsetzen, wie sich zwei Affen paaren. In hilfloser Empörung ruft sie einem der Wärter zu, er solle dem Treiben ein Ende bereiten.
»Wie soll ich das denn machen?« fragt der Wärter.
»Geben Sie den Viechern doch ein paar Bananen«, meint das Kindermädchen.
Die Kinder kichern. Der Wärter grinst und fragt: »Entschuldigung, würden Sie mittendrin für eine Banane aufhören?«

Es sagte der Frauenkenner:

»Frauen sind wie das Telefon: oft besetzt, noch öfter belegt, häufig falsch verbunden, gelegentlich gestört, und manchmal steckt ein falscher Teilnehmer in der Leitung.«

»Glaub mir«, sagt Oma zu ihrer sechzehnjährigen Enkelin, »es gibt im Leben einer Frau nur eine einzige große Liebe.«
»Und wer war das bei dir?« erkundigt sich die Enkelin.
»Matrosen, mein Kind, Matrosen!«

Drei Schiffbrüchige landen auf einer kleinen Insel, zwei Männer und eine Frau.
»Mein Herr«, sagt der eine mit einer korrekten Verbeugung zum anderen, »einer von uns beiden ist hier zuviel.«
Sehr erstaunt erkundigt sich die anwesende Dame: »Aber wieso denn?«

*

Die Ehefrau fährt allein zum Skiurlaub. Am nächsten Wochenende kommt ihr Mann sie besuchen, schläft bei ihr und mit ihr, obwohl das Bettgestell laut knarrt.
Da ertönt plötzlich eine wütende Stimme von nebenan: »Zum Donnerwetter, jede Nacht das Geknarre, können Sie nicht wenigstens am Sonntag mal eine Pause einlegen...«

Es sagte der Optimist:

»Wo ein Wille ist, da ist auch ein Gebüsch...«

Der Chef der Gummiwarenfabrik instruiert seine Vertreter: »Mit diesem Kondom bieten wir etwas völlig Neuartiges an. Hundertprozentig sicher, einfache Handhabung, erregendes Feeling...«
Ergänzt seine Assistentin: »...und angenehm im Geschmack.«

*

Kirchberger sinkt am Samstagnachmittag nach zwei Stunden intensiven Liebeslebens schnaufend in die Kissen zurück.
Fragt ihn seine Frau spitz: »Na, bist du immer noch der Meinung, es gäbe am Samstagnachmittag nichts Schöneres als ein Bundesligaspiel?«

Es fragte der Sexberater:

»Wußten Sie schon, daß es Momente im Bett gibt, wo man nicht schnell genug langsam machen kann?«

Ein Priester und ein junger Mann sitzen in der Eisenbahn einem jungen Mädchen im Minirock gegenüber.
Mahnt der Priester seinen Nachbarn: »Mein Sohn, unter dieser Verpackung verbirgt sich die Hölle!«
Der junge Mann grinst. »Das ist mir klar. Bei mir ist an der gleichen Stelle ja auch der Teufel los...«

*

Ein Lastwagen rumpelt über die Landstraße. Plötzlich sieht der Fahrer ein altes Mütterchen, das am Fahrbahnrand steht und winkt. Der Mann hat Mitleid und nimmt die Alte mit. Nach wenigen Kilometern beginnt der Motor zu blubbern und setzt schließlich ganz aus.
»Auch das noch, jetzt steht er«, seufzt der Fahrer.
Die Oma strahlt. »Wußte ich es doch, daß ich nicht ungeschoren davonkomme.«

»Das heißt nicht defloriert, sondern konfirmiert!«

oder

Denken ist Glückssache

Der Zug fährt durch einen Tunnel. Als es Minuten später wieder hell wird, wagt einer der Männer, die einzige Frau im vollbesetzten Abteil anzusprechen.
»Gell, Fräulein, der war aber lang.«
»Das kann man wohl sagen.« Sie lächelt sanft. »Demnach war es also Ihrer?«

*

Steht in kindlicher Schrift auf einen Präservativ-Automaten gekritzelt:
Das ist der ekelhafteste Kaugummi, den ich jemals probiert habe.

*

Eine Frau bringt die Uhr ihres Mannes ins Uhrengeschäft. Laut ihrer Anweisung schreibt die Verkäuferin auf den Reparaturzettel: *Steht die ganze Nacht.*
Als die Uhr aus der Werkstatt zurückkommt, ist darunter zu lesen: *Soll doch froh sein.*

*

Fragt Elli ihren Urlaubsflirt: »Schatz, was bist du denn von Beruf?«
Er wirft sich in die Brust. »Ich bin Schriftsteller, aber ich benutze ein Pseudonym.«
»Ach, das brauchst du bei mir nicht«, meint sie, »ich nehme die Pille.«

*

Elvira beichtet ihre Sünden.
Der Pfarrer ermahnt sie: »Weißt du eigentlich, was du mit deinen vielen Sünden verdienen würdest?«
»Ja, Herr Pfarrer«, erwidert Elvira, »aber ich mache mir nichts aus Geld.«

Nur zehn Minuten nach ihrem Anruf steht der Fernsehmechaniker bei Roswitha vor der Tür.
»Wunderbar«, haucht sie und führt ihn ins Schlafzimmer. »Sie sind mir ja ein ganz Schneller.«
»Aber Sie haben ja gar keinen Fernseher«, wundert sich der Mann.
»Natürlich nicht. Fernsehen lenkt doch nur ab.«

Es fragte die Bäuerin:

»Weißt du noch den Namen der Potenzpillen, die der Arzt unserem Zuchtbullen verschrieben hat?«
»Nein, aber sie schmeckten nach Pfefferminz.«

Schluchzend gesteht die Sechzehnjährige ihrer Mutter, daß sie von ihrem Freund ein Kind erwartet.
Die Mutter ist entsetzt. »Ja, hast du denn kein Veto eingelegt?«
»Doch«, jammert die Tochter, »aber es muß verrutscht sein.«

*

Ein Taubstummer will in einer Apotheke Präservative kaufen. Wild gestikulierend versucht er zu erklären, was er will, doch der Apotheker versteht ihn nicht.
Schließlich wird es dem Taubstummen zu bunt – er öffnet seinen Hosenschlitz, legt sein Glied auf die Theke, einen Zehnmarkschein daneben und zeigt mit dem Finger auf beides.
Der Apotheker überlegt, öffnet seinen Hosenschlitz, legt sein Glied daneben. Dann gibt er dem Taubstummen zehn Mark aus seinem Geldbeutel und meint: »Gewonnen.«

WEISST DU, WO DIE GRÜNEN POTENZPILLEN FÜR UNSEREN ZUCHTBULLEN SIND?
WIE ?! – DIE MIT DEM PFEFFERMINZ-GESCHMACK?

Opa verreist mit seinem achtzehnjährigen Enkel. In einem Gasthof will man übernachten. Aus Platzmangel sind sie jedoch gezwungen, in einem Bett zu schlafen.
Mitten in der Nacht stöhnt Opa: »Besorg mir schnell eine Frau!«
Meint der Enkel leicht verstört: »Opa, ich weiß zwar nicht, was du im Sinn hast, aber was du in der Hand hältst, ist meiner.«

*

Die Mutter betritt unverhofft Monikas Zimmer. Sie glaubt, der Schlag trifft sie.
»Monika, sofort kommst du unter diesem nackten Kerl hervor!«
»Fällt mir überhaupt nicht ein!« antwortet die Tochter. »Ich war zuerst da.«

*

Der junge Mann in der Apotheke beschreibt der Apothekerin sein Problem sehr direkt.
»Ich habe eine Dauererektion. Was können Sie mir dafür geben?« will er wissen.
Die Apothekerin reagiert prompt. »Dreitausend Mark im Monat und zwanzig Prozent Beteiligung am Geschäft.«

*

Im Zugabteil sitzt ein Engländer einer Engländerin gegenüber. Er liest den ›Playboy‹, sie die ›Times‹.
Plötzlich sagt der Engländer: »Haben Sie nicht Lust, mal meinen ›Playboy‹ zu studieren?«
Antwortet die Engländerin: »Oh, sorry, aber ich habe meine ›Times‹.«

Eine Amerikanerin, zum erstenmal in Europa, bestaunt in einem Pariser Hotel das Bidet und fragt das Zimmermädchen: »Is this for washing babies in?«
Das Zimmermädchen antwortet: »No, no, this is for washing babies out!«

Es stöhnte die Ehefrau:

»Diesmal wartest du aber auf mich, sonst gibt es wieder eine Frühgeburt!«

»Omi«, erzählt Steffi ganz begeistert, »heute bin ich defloriert worden.«
Die alte Dame ist entsetzt. »Um Gottes willen, Kind, das heißt nicht defloriert, sondern konfirmiert.«
»Quatsch!« Steffi winkt ab. »Das war doch am Vormittag!«

*

Der Schwangerschaftstest der Tochter ist positiv.
»Ich habe mir gleich gedacht«, lamentiert die Mutter, »daß über meinem Kind das Schwert des Kolumbus schwebte.«
Meint der Arzt trocken: »Ich glaube eher, daß es das Ei des Damokles war.«

*

»Alfons hat mir gestern in seinem Garten ein hübsches Rotschwänzchen gezeigt«, erzählt Bärbel ihrer Freundin Brigitte.
»Gut, daß du mir das sagst«, antwortet Brigitte, »dann ist mein Lippenstift wohl doch nicht kußecht.«

Die flotte Biene macht zur Abwechslung einmal Urlaub auf dem Bauernhof.
Sagt der Bauer zu ihr: »Eigentlich könnten Sie ja mal versuchen, die Kühe zu melken.«
Sie geht also in den Stall. Nach einer Weile kommt sie wieder heraus und schimpft: »Das machen Sie mal lieber selbst. Ich kriege die Dinger einfach nicht zum Stehen!«

*

In der vollen Straßenbahn klebt ein junger Mann am Rükken eines jungen Mädchens.
»Können Sie Ihre Hand nicht woanders hintun?« faucht sie ihn an.
»Würde ich gerne tun«, erwidert er, »aber dann müßten Sie sich umdrehen!«

*

Die Trauergemeinde lauscht den Worten des Pfarrers über den Verstorbenen.
»Er hieß Kampf, sein Leben war Kampf, er kämpfte von morgens bis abends, er hörte nie auf zu kämpfen...«
Da flüstert einer der Trauergäste seinem Nachbarn zu: »Meine Grabrede dürfte der nicht halten!«
»Wieso?«
»Ich heiße Vogel!«

*

»Warum wollen Sie denn unbedingt Stewardeß werden?« wird die Bewerberin gefragt.
»Es kann doch sein, daß der Pilot mal ausfällt«, antwortet sie.
»Ja, und dann?«
»Dann wird man mich endlich an den dicken langen Steuerknüppel ranlassen!«

Mit seiner Freundin fährt er aufs Land. Nach einiger Zeit geht das Benzin aus, und der Wagen rührt sich nicht mehr von der Stelle.
Sagt er: »So, jetzt steht er.«
Seufzt sie: »Okay, machen wir's eben im Wagen.«

Es fragte der Freund:

»Was ist ein Perpetuum mobile?«
»Das ist ein Ding, das nie stehenbleibt.«
»Aha. So ein Ding habe ich auch.«

»Was wünschst du dir denn zum Geburtstag?« will die Mutter von ihrem kleinen Sohn wissen.
»Einen Tampon«, erklärt der prompt.
Die Mutter ist fassungslos. »Warum denn einen Tampon?«
»Ja, ich weiß auch nicht, was das ist«, meint der Kleine. »Aber im Werbefernsehen heißt es doch, daß man damit Tennis spielen, reiten, schwimmen, Ski laufen und radfahren kann!«

*

Ein etwas schrulliger Münchner Drogist hat die Angewohnheit, seine Kunden mit den Worten »Hama's wieder?« zu verabschieden.
Eines Tages kauft ein junges Mädchen eine Packung Tampons ein, und wiederum ertönt das freundliche »Hama's wieder?«
Errötet das Mädchen und meint: »Ja, Gott sei Dank.«

Die Freundinnen haben sich im Café getroffen.
»Ich habe mich endgültig von Max getrennt«, sagt die eine.
»Wieso das denn?« will die andere wissen.
»In letzter Zeit wußte er bei mir weder ein noch aus.«

Es versicherte der Junggeselle:

»Ganz gleich, wie viele Frauen sich in Zukunft in Männerberufen breitmachen – es wird immer eine Stelle geben, die nur ein Mann ausfüllen kann.«

Gedränge in der U-Bahn.
»Au«, brüllt ein Fahrgast. »Jetzt haben Sie mich auf meine empfindlichste Stelle getreten.«
Da schaut ihn eine ältere Dame mitleidig an. »Gottchen, wenn er zu lang ist, hat ja auch keiner was davon.«

*

Die alleinstehende ältere Dame macht eine Kreuzfahrt. An Bord geht sie auf einen uniformierten Mann zu und fragt: »Verzeihung, sind Sie der Kapitän?«
»Nein, gnädige Frau, ich bin hier der Deckoffizier.«
Kopfschüttelnd geht sie weiter und murmelt: »Die denken aber auch an alles!«

*

Olaf liegt mit Biggi im Park hinter einem Gebüsch. Er fummelt gerade an ihrem Slip herum, als ein Polizist sich langsam nähert.
Etwas bedenklich meint er: »Oha, jetzt wird's haarig!«
Daraufhin meint sie nur: »Ja, was hast du denn erwartet?«

ALSO, ICH WILL DAMIT JA NICHT SAGEN, KERSTIN TREIBT ES MIT JEDEM, ABER DER PARISERAUTOMAT IN IHREM ZIMMER...

Der Ehemann kommt früher als erwartet von einer Geschäftsreise zurück. Als er die Wohnungstür aufschließt, sieht er auf dem Flur zwei Italiener, die auf irgend etwas zu warten scheinen.
»Was geht denn hier vor?« ruft er erstaunt.
»Nix vor«, sagt der eine Italiener, »erst Giovanni, dann ich und dann du.«

Es sagte der Snob:

»Golf ist ein ausgesprochen männliches Spiel, denn es geht doch darum, irgendwann in ein Loch zu treffen...«

Nacheinander befragt der Quizmaster die drei Kandidaten. »Wo greift die Frau dem Mann am liebsten hin?«
»In die Brieftasche.«
»Richtig.«
Dann die Frage an den zweiten Kandidaten: »Wo haben die meisten Frauen krauses Haar?«
Prompt kommt die Antwort: »In Afrika.«
Als der zweite Kandidat das Podium verläßt, geht der dritte gleich mit.
»Halt«, ruft der Quizmaster. »Ich habe Sie doch noch gar nichts gefragt.«
»Hat auch keinen Sinn«, wehrt der Kandidat ab. »Ich hätte schon die beiden ersten Fragen falsch beantwortet.«

*

Hochzeitsnacht. Die erste Runde ist vorüber. Enttäuscht fragt die junge Frau: »Liebling, warum nur so kurz?«
»Verdammt noch mal«, brüllt er da los, »woher weißt du, daß es längere gibt?«

Spricht ein Typ das bildhübsche Mädchen auf der Straße an: »Na, wo gehen denn diese beiden hübschen Beine hin?«
»Ins Kino, wenn nichts dazwischen kommt...«

*

Die Bridgepartnerinnen unterhalten sich einmal privat.
»Wie harmonieren Sie denn mit Ihrem Partner auf dem sexuellen Sektor?« erkundigt sich die eine.
»Ach«, meint die andere, »mit so was befaßt sich mein Mann nicht. Der will immer nur bumsen.«

Es sagte die Mutter:

»Meine Tochter trägt schwer an den Folgen einer unglücklichen Liebe.«
»Abwarten, nach der Entbindung wird es wieder leichter.«

»Hallo, meine Süße«, macht Hagedorn die Superfrau an der Bar an. »Schätze, wir wollen beide das gleiche.«
»Du bist offensichtlich gar nicht so dumm, mein Junge«, meint sie mit abschätzendem Blick. »Also los, laß uns ein paar Weiber aufreißen.«

*

»Abgemacht, wir führen erst mal eine Ehe auf Probe. Und wenn wir feststellen, daß wir einen Fehler gemacht haben, dann trennen wir uns einfach wieder«, schlägt Karlheinz seiner Braut vor.
»Grundsätzlich bin ich damit einverstanden«, meint die junge Dame, »aber was machen wir mit dem Fehler?«

Der Juniorchef hat die hübsche Petra in sein Landhaus eingeladen.
Im Wohnzimmer betrachtet sie eine Figur aus Ebenholz.
»Was ist denn das?«
»Das ist eine afrikanische Schnitzerei«, erklärt der Gastgeber. »Ein religiöses Phallus-Symbol.«
»Ach so.« Petra lächelt erleichtert. »Ich trau' mich gar nicht zu sagen, wofür ich es gehalten habe!«

*

Gespräch unter grünen Witwen.
»Also, den Briefträger habe ich schon vor drei Stunden hier in der Straße gesehen«, verrät die eine.
»Aber das ist doch keine Zeit«, wendet die andere ein, »wenn man bedenkt, wo der überall was reinstecken muß.«

*

»Wir werden uns lieben, wie es in keinem Buch steht«, flüstert Herbert seiner Flamme ins Ohr. »Ich werde dich an Stellen küssen, an denen du noch nie geküßt worden bist.«
Sie ist ganz hingerissen. »Aber paß auf, ich bin an den Fußsohlen so kitzlig.«

*

Gespräch auf dem Schulhof.
»Du, ich glaube, meine Mutter hat noch nie einen Penis gesehen.«
»Na, na, das kann ja wohl nicht stimmen.«
»Doch, wenn ich's dir sage. Ich lag gestern mit meinem Freund auf der Couch, da kommt sie herein und ruft: ›Aber, Kind, was ist denn bloß in dich gefahren!‹«

»Ich weiß nicht, wie ich es dir sagen soll«, flüstert der Liebhaber seiner Eroberung ins Ohr. »Ich suche nach Worten...«
Erwidert sie spöttisch: »Ich glaube aber nicht, daß du die da unten findest, wo du gerade suchst.«

*

Das Pärchen parkt in einer nicht ganz so einsamen Waldschneise.
Sie seufzt: »Es ist wirklich wunderschön hier draußen – hör nur mal die Grillen.«
»Quatsch, Grillen«, sagt der junge Mann, »das sind Reißverschlüsse.«

Es fragte der Freund:

»Warum bist du bloß so scharf auf die Gärtnerin? Besonders hübsch ist sie ja wirklich nicht.«
»Aber alles, was sie in die Hand nimmt, wächst unheimlich schnell!«

Eine junge Dame betritt die Anzeigenannahme der Zeitung. »Was kostet ein Verlobungsinserat?« fragt sie.
Erwidert der Mann am Schalter: »Zwei Mark pro Millimeter.«
»Das ist ja furchtbar«, seufzt sie. »Bei meinem Bräutigam sind es achtzehn Zentimeter!«

*

Die beiden betrachten den Sternenhimmel. Fragt der junge Mann: »Soll ich dir mal den Großen Bären zeigen?«
Flüstert sie: »Und was machen wir dann, wenn jemand kommt?«

Reinhold will seine Freundin in Stimmung bringen und hat heiße Musik aufgelegt. Plötzlich knackt es in den Lautsprechern.
»Laß mich mal raus«, flüstert er, »ich muß das Dolby anmachen.«
Sie hält ihn zurück. »Ach, laß doch, ich nehme die Pille.«

»Die haben Ihnen doch glatt meinen alten angenäht!«

oder

Das darf doch nicht wahr sein

Der kleine Florian hat fürchterliche Angst vor dem Gewitter und flüchtet sich deshalb ins Schlafzimmer seiner Eltern. Das paßt denen gar nicht ins Konzept, doch schließlich darf der Kleine neben dem Bett auf dem weichen Kuschelteppich schlafen.
Als am nächsten Morgen der Wecker rasselt, springt der Vater aus dem Bett und tritt dem Sohn auf den Arm.
Brüllt Florian: »Das hab' ich gern. Morgens das Alte zertreten, wenn man nachts ein Neues gemacht hat.«

*

Ein Papagei hat die Angewohnheit, Hühner zu behüpfen, und der Farmer droht ihm: »Ich reiße dir sämtliche Kopffedern aus, wenn ich dich noch einmal dabei erwische.«
Eine Woche geht es gut, dann behüpft der Papagei wieder eine Henne, und der Farmer rupft ihm die Kopffedern aus.
Einige Tage später lädt der Farmer Freunde und Bekannte zu einem großen Fest ein. Dem Papagei wird die Rolle eines Hausdieners zugewiesen. Er soll den Gästen sagen, wo sie ihre Mäntel und Hüte abzulegen haben.
»Die Damen rechts«, kreischt der Papagei, »die Damen rechts, die Herren links.«
Als zwei kahlköpfige Männer hereinkommen, kreischt der Papagei laut und deutlich: »Und ihr beiden Hühnerbumser kommt zu mir auf die Stange!«

*

Freds Freunde sind überrascht. Fred, der noch nie ein Mädchen angerührt hat, will auf einmal heiraten.
»Ist sie denn schwanger?« fragen die Freunde neugierig.
»Das will ich doch hoffen!« sagt Fred. »Das möchte ich wirklich nicht noch mal machen müssen.«

Zwei Mafiosi sitzen im Straßencafé, als gerade ein Trauerzug vorbeikommt.
»Wer ist denn gestorben?« fragt der eine.
»Don Fernandos Freundin.«
»Und woran?«
»An Syphilis.«
»Aber heute stirbt doch kein Mensch mehr an Syphilis.«
»Doch, jeder, der sie Don Fernando anhängt.«

Es fragte der Freund:

»Na, Georg, wie verstehst du dich mit deiner Frau?«
»Ach, eigentlich ganz gut. Wir haben schon dreimal die Scheidung verschoben, weil wir einfach nicht aus dem Bett kommen!«

Drei Nonnen stehen vor der Oberin und beichten.
Die erste bekennt: »Ich habe einen Penis gesehen.«
»Wasch dir die Augen und bereue.«
Die zweite sagt: »Ich hatte einen in der Hand.«
»Wasch dir die Hände und bereue.«
Da steht die dritte auf und geht zur Tür.
»Wohin gehst du, meine Tochter?« fragt die Oberin.
»Gurgeln und bereuen.«

*

Nachts auf einer einsamen Landstraße. Ein Mann steigt aus dem Auto, geht zur Böschung und pinkelt runter. Da ertönt eine wütende Stimme: »Sie Arsch, hören Sie sofort auf, mir auf den Kopf zu pinkeln!«
»Plärren Sie gefälligst nicht so. In meinem Auto sitzt schließlich noch eine Dame.«
»Na und? Meinen Sie, ich liege auf der bloßen Erde?«

ABER WARUM WÜNSCHST DU DIR AUSGERECHNET EINEN TAMPON ZU DEINEM ZWÖLFTEN GEBURTSTAG?
DAS IST DOCH KLAR MAMMI. IN DER FERNSEH-WERBUNG KOMMT DOCH, DASS MAN DANN TENNIS SPIELEN, REITEN, SCHWIMMEN, UND SKIFAHREN KANN.

Zwei Männer liegen im Bett.
»Partnertausch ist schon eine tolle Sache. Ich möchte ja nur wissen, was unsere Frauen gerade machen.«

*

Meuterei im Frauengefängnis. Die Gefangenen toben in ihren Zellen. Der Direktor ist ratlos. Ein junger Vollzugsbeamter meldet sich freiwillig, um wieder Ruhe und Ordnung herzustellen. Und tatsächlich – nachdem er bei einer der Zellen ein paar Worte zu den Tobenden gesagt hat, kehrt absolute Stille ein.
»Mann«, wundert sich der Direktor, »was haben Sie denen denn gesagt?«
»Ganz einfach: Wenn hier nicht sofort Ruhe ist, bekommt ihr die Bananen nur noch geschält.«

*

Ein Junge kommt neu in die Klasse.
Fragen ihn die anderen: »Wie alt bist du denn?«
»Neun.«
»Rauchst du?«
»Nein.«
»Trinkst du?«
»Nein.«
»Hast du Weiber?«
»Nein.«
»Dann bist du auch noch nicht neun.«

*

Ein einsamer Spaziergänger geht spätabends noch durch den Park, als er etwas abseits vom Weg plötzlich über etwas Weiches stolpert. Zweifellos ein Männer-Po.
Bevor sich der Spaziergänger entschuldigen kann, stöhnt eine selige Frauenstimme: »Vielen Dank, mein Herr...«

Die Bäuerin hat in zehn Jahren zehn Kinder geboren und hat es nun satt. Sie schickt ihren Mann zum Arzt, der soll ihn beraten. Der Arzt verschreibt dem Bauern eine Großpackung Präservative.
Abends liegt die Bäuerin im Bett und wartet auf ihren Mann. Nach einiger Zeit hört sie ihn murmeln: »Neunundvierzig habe ich jetzt drauf, der fünfzigste geht nicht mehr.«

Es sagte der Liebhaber:

»Mach gefälligst den Fernseher aus, während wir bumsen!«
»Wieso denn? Etwas will ich doch auch davon haben.«

Daxberger will seinem Freund, der soeben zum zwölftenmal Vater geworden ist, gratulieren. Er klingelt an der Wohnungstür. Der Freund öffnet, und Daxberger will ihm schon die Hand schütteln, da stutzt er. Zwischen den Füßen seines Freundes hindurch watschelt eine Ente.
»Seit wann hältst du denn Enten in der Wohnung?« fragt er verblüfft.
»Enten ist gut!« stöhnt der zwölffache Vater. »Das ist der Storch. Der hat sich bei mir die Füße abgelaufen!«

*

Sie lehnt sich im Auto auf dem stillen Parkplatz an die Schulter ihres Liebsten. »Bist du abergläubisch?« fragt sie.
»Aber nein, Mausi, wieso denn?«
»Weil mir gerade einfällt, daß du in dieser Woche der dreizehnte Mann bist, der mich im Auto vernascht.«

Sie und er treffen sich zum erstenmal, und auf Anhieb läuft alles wie geschmiert. Das Mädchen ist interessiert, hat eine fabelhafte Figur, ist bildhübsch und intelligent dazu, und bei ihm fehlt es auch an nichts.
Es funktioniert einfach fabelhaft, und irgendwann faßt sich der junge Mann ein Herz, atmet tief durch und flüstert: »Liebling, ich hab' mich so in dich verknallt – ich möchte dir einen richtig altmodischen Kuß geben.«
Mault sie: »Bei dir piept's wohl, Junge. Stellungswechsel mitten in der Nacht?«

*

Die Mutter schickt die Tochter zum Vater, um den fälligen Alimente-Scheck abzuholen. Dabei soll sie achtgeben, was für ein Gesicht er macht.
»Also«, sagt der Vater, »hier ist der Scheck. Aber sag deiner Mutter, das ist das letzte Mal, denn nächsten Monat wirst du achtzehn. Paß mal auf, was sie da für ein Gesicht macht.«
Daheim berichtet die Tochter. Daraufhin meint die Mutter: »So, so. Und jetzt gehst du noch mal zu deinem Vater und sagst ihm, du seist gar nicht von ihm. Und dann schau mal, wie der schaut!«

*

Ein Unternehmen der Gummiwarenindustrie errichtet in der Schweiz ein Zweigwerk. Erste Führung für die neuen Mitarbeiter.
»Meine Damen und Herren! Dies ist Halle eins. Hier stellen wir die guten Verhüterli her. Dort bitte, in Halle zwei, werden Schnuller erzeugt.«
Einer der neuen Mitarbeiter erkundigt sich: »Und wozu diese Tür mit der Aufschrift ›Eintritt verboten‹?«
»Dort produzieren wir Verhüterli mit Löchern, um den Schnullerumsatz zu steigern!«

»Also, das Lotterleben hört jetzt auf«, sagt der ewige Junggeselle zu seinem Papagei. »Ich heirate. Und du hältst deinen Schnabel, sonst kommst du in den Tierpark.«
Als die Frischvermählten am nächsten Tag den Koffer für die Hochzeitreise packen, stellt die junge Frau fest, daß ein Schuh nur noch mit Mühe hineinpaßt.
»Schieb ihn doch mal rein. Ich setze mich drauf«, bittet sie.
Es klappt nicht. Er schlägt vor: »Dann werden wir uns eben beide draufsetzen und ihn gemeinsam hineinschieben.«
Da krächzt der Papagei aus dem Nebenzimmer: »Also, bevor ich in den Tierpark komme – das muß ich gesehen haben!«

*

Die wohlproportionierte Touristin engagiert einen Bergführer. Als sie oben auf dem Gipfel sind, wirft sich der Naturbursche plötzlich auf sie und – sie läßt ihn.
Als alles vorüber ist, ist er ein bißchen verlegen.
»Entschuldigen Sie vielmals«, meint er. »Es ging mir auch gar nicht um die Befriedigung. Aber der steife Kerl hätte mich so beim Abstieg gestört.«

*

In einem kleinen Städtchen rennt ein wütender Mann hinter einem Halbwüchsigen her und schreit: »Haltet den Kerl, er hat meiner Frau für eine Liebesnacht hundert Mark angeboten!«
Der Briefträger stellt sich dem Flüchtenden in den Weg und boxt ihn nieder.
Der Ehemann bedankt sich überschwenglich, da winkt der Briefträger nur ab. »Es war ja in meinem eigenen Interesse. Man kann doch nicht dulden, daß so ein Lümmel hier bei uns die Preise hochtreibt!«

Der Mann, der seine Frau mit einem Fremden im Bett erwischt hat, fuchtelt mit seiner Waffe dem Nebenbuhler vor dem Gesicht herum.
»Du Lump, glaubst du an ein Leben nach dem Tod?« fragt er drohend.
»Ja, ja!« ruft der andere, auf Gnade hoffend.
»Das trifft sich gut«, sagt der Ehemann zähneknirschend, »meine Frau ist nämlich ebenfalls sehr fromm an den wenigen Tagen, wo sie mich nicht betrügt; ihr könnt also morgen früh eure Vögelei im Jenseits fortsetzen!«

Es fragte die Freundin:

»Warum gehst du eigentlich immer wieder mit fremden Männern ins Bett?«
»Na, um meinen Mann zu schonen, natürlich!«

Brandner will im Sex-Shop eine aufblasbare Puppe kaufen.
»Wenn ich mich nicht irre«, meint die Verkäuferin, »haben Sie doch erst letzte Woche eine gekauft, oder?«
»Stimmt«, bestätigt Brandner, »aber mit der habe ich inzwischen Schluß gemacht.«

*

In einem Torweg steht nachts ein Mädchen, Rock hoch, Höschen auf Halbmast, und futtert hingebungsvoll Pommes frites aus der Tüte.
Da kommt ein Polizist vorbei und fragt erstaunt: »Was machen Sie denn hier?«
Schaut sich das Mädchen verwundert um und flötet: »Oh, ist mein Freund schon weg?«

HALLO STÖRUNGSSTELLE! – ICH HATTE GERADE EINEN OBSZÖNEN ANRUF – WIR SIND ABER UNTER-BROCHEN WORDEN.

Ein Mann sitzt in der Sauna neben einem Farbigen mit einem wirklich ungewöhnlich gut ausgebildeten Fortpflanzungsorgan.
Seine Faszination läßt ihn den stolzen Besitzer ansprechen.
»Das ist reine Übungssache«, meint der Farbige, »das können auch Sie in kurzer Zeit schaffen.«
»Und wie mache ich das?«
»Ganz einfach. Wenn Sie das nächste Mal mit einer Frau schlafen, konzentrieren Sie sich nur auf eines: ganz schnell hinein und ganz langsam wieder heraus. Sie werden sehen, es klappt.«
Der Mann kann es kaum erwarten, wirft sich in seine Kleider, rast nach Hause und stürzt sich auf seine erstaunte Frau. Nach wenigen Stößen wundert sie sich: »Was ist denn heute los mit dir, du bumst ja wie ein Neger!«

Es sagte der Soziologe:

»Übrigens, die Antibabypille ist die einzige Möglichkeit, die Jugendkriminalität schon im Keim zu ersticken...«

Mißgeschick in der Chirurgie: Statt einer Beschneidung wird bei dem Patienten versehentlich eine Geschlechtsumwandlung vorgenommen.
Als ihm der Chefarzt die unangenehme Nachricht beibringt, schluchzt der Frischoperierte: »Heißt das, daß ich nie wieder eine Erektion haben kann?«
»Aber nein«, beruhigt ihn der Mediziner. »Sie werden jede Menge Erektionen erleben, gnädige Frau. Nur eben bei anderen.«

Zwei Seniorchefs unterhalten sich. Sagt der eine: »Mit meiner Potenz stand es gar nicht mehr gut, bis ich von dieser neuen Methode hörte. In Los Angeles gibt es einen Spezialisten für Penis-Transplantationen. Die Operation hat zwar dreißigtausend Dollar gekostet, aber ich bin sehr zufrieden.«
Der zweite Seniorchef ist begeistert, läßt sich die Adresse geben und fliegt sofort hinüber. Sechs Monate später treffen sich die beiden wieder und unterhalten sich.
»Alles in Ordnung?«
»Nein, ich bin sehr enttäuscht. Die Transplantation kostete zwar nur die Hälfte, aber dafür ist mit mir auch nicht mehr los als früher.«
»Zeigen Sie mal her... Na, so was! Da haben die Ihnen doch glatt meinen alten angenäht!«

*

Ein Mann kauft sich eine Brille, mit der er alle Leute nackt sehen kann. Zu Hause sieht er seine Frau und seinen Freund auch nackt. Als er die Brille absetzt, sind die beiden noch immer nackt. Er setzt sie wieder auf und wieder ab – die beiden sind unverändert nackt.
Kopfschüttelnd meint er: »Verdammt, eben erst gekauft, und schon funktioniert das Ding nicht mehr richtig.«

*

Eichhofer hält am Straßenrand, um einen Anhalter mitzunehmen. Kaum sitzt der im Auto, als er auch schon eine Pistole zieht und befiehlt: »Los, hol dir einen runter.«
Völlig verängstigt befolgt Eichhofer die Anweisung. Das Ganze wiederholt sich noch viermal, bis Eichhofer total erledigt in den Sitz zurücksinkt. Da ruft der Anhalter ins Gebüsch: »Komm raus, Renate, jetzt kannst du mitfahren.«

Das alte Mütterchen trifft im Wald eine gute Fee und hat drei Wünsche frei. Sie wünscht sich als erstes den Buckel weg. Fort ist er! Sie wünscht sich ein Millionen-Bankkonto. Schon erledigt. Und sie wünscht sich, daß ihr Kater zu einem jungen Mann würde.
Als sie nach Hause kommt, öffnet ihr wirklich ein schöner junger Mann und sagt: »Jetzt wird es dir bestimmt leid tun, daß du mich vorige Woche hast kastrieren lassen!«

Es stöhnte Adam:

»Es ist unglaublich. Gott hat mir eine Frau gegeben, die mit dem ersten besten schläft, der ihr gerade begegnet!«

Zwei Freunde unterhalten sich.
»Welches ist denn deine Lieblingsstellung, Otto?«
»Also, paß auf. Meine Frau legt sich auf den Wohnzimmerteppich und macht die Beine breit. Ich hänge mich nackt an den Kronleuchter, schwinge dreimal hin und her und laß mich dann mit einem lauten Tarzanschrei auf sie herunterfallen.«
Der Freund schaut völlig entgeistert drein und fragt dann etwas vorsichtig: »Hm, ist das nicht ein bißchen umständlich?«
»Das schon«, gibt der andere zu, »aber die Kinder finden's toll!«

*

»Wichser!« sagte das Retortenbaby, als es zum erstenmal seinen Vater sah.

Die Lehrerin will ihre Neunjährigen aufklären. »Heute werde ich euch erzählen, wo die kleinen Kinder herkommen«, kündet sie an.
Unterbricht sie ein Junge: »Dürfen alle, die schon mal gebumst haben, wieder Fußball spielen gehen?«

Es sagte der Gynäkologe:

»Mein Gott, Kindchen, jetzt seien Sie doch nicht so verlegen. Ich habe doch nur ein rein medizinisches Interesse an Ihrem Körper – an Ihren herrlichen, vollen Brüsten, Ihrem geilen Mund, Ihrem Wahnsinnshintern...«

Kollegentratsch im Labor.
»Hast du schon gehört, daß Fräulein Hofmann von der Samenbank schwanger ist?«
»Was? Die hat doch noch nie einen Freund gehabt!«
»Eben, klarer Fall von Unterschlagung.«

*

Nach der Beerdigung einer stadtbekannten Giftspritze fragt Abelein den hinterbliebenen Gatten: »Wie hast du die denn unter die Erde gebracht?«
»Ganz einfach«, antwortet der Witwer. »Ich habe sie mir einfach vierzehn Tage lang dreimal täglich kräftig vorgenommen. Das hat ihr den Rest gegeben.«
Drei Wochen später treffen sich die beiden wieder. Abelein, diesmal im Rollstuhl, sieht totenbleich aus und wird von seiner geradezu aufgeblühten Frau geschoben.
»Um Gottes willen, was ist denn passiert?«
»Pst«, flüstert Abelein dem anderen zu, »sie weiß noch nicht, daß sie sterben muß.«

Ein Mädchen kommt bei einem Spaziergang durchs Moor vom Weg ab und versinkt allmählich im Sumpf. Ihre Hilfeschreie hört ein Wanderer.
»Wenn ich dich herausziehen soll«, sagt er, »mußt du mir versprechen, anschließend mit mir zu schlafen.« Sie weigert sich.
Als sie schon bis zum Bauchnabel festsitzt, taucht noch ein Mann auf, der sie ebenfalls nur retten will, wenn sie danach mit ihm schläft.
Schließlich reicht ihr der Sumpf bis zum Hals, und sie ruft in letzter Verzweiflung einem Spaziergänger zu: »Willst du mit mir schlafen?«
Der Mann dreht sich von ihr weg und murmelt verachtungsvoll vor sich hin: »Daß Frauen immer nur an das eine denken können...«

*

Zwei Mädchen stehen vor dem Kino. Sagt die eine: »Ein Sexfilm. Erst für Jugendliche über sechzehn zugelassen. Da kommen wir mit fünfzehn nicht rein.«
Meint die andere: »Was soll's. Mir paßt es heute sowieso nicht, denn ich habe niemanden, der auf mein Baby aufpaßt.«

*

Bei einem Verkehrsunfall verliert ein Mann seine rechte Hand. Im Unfallkrankenhaus ist keine Männerhand vorrätig, und schweren Herzens entschließt sich der Chirurg, eine Frauenhand anzunähen.
Als der Patient nach Wochen wiederkommt, fragt man ihn nach seinen Erfahrungen.
»Ich bin sehr zufrieden«, berichtet er, »alles ist normal. Allerdings – wenn ich mal muß, dauert das sehr lange. Ich mag ihn nämlich gar nicht mehr loslassen.«

Das Mädchen und ihr Freund nehmen ein Hotelzimmer, ziehen sich aus, legen sich aufs Bett, schmökern in Pornoheften, probieren einen neuen Vibrator aus und schlafen schließlich miteinander. Danach liegen sie friedlich Seite an Seite.
»Stell dir vor«, schwärmt der Junge, »nur noch ein Jahr, dann können wir abends in eine Kneipe gehen und einfach ein Bier bestellen...«

Es sagte der Liebhaber:

»Ich habe noch nie eine Frau kennengelernt, die so schnell zum Orgasmus kommt wie du.«
»Alles nur Übungssache. Mein erster Freund war Rennfahrer, wir mußten uns immer während der Boxenstopps lieben.«

Ein alter Bergbauer wird wegen Sodomie angeklagt. Er soll sich an seinen Kühen vergangen haben.
Donnert der Richter: »Wie kann man so etwas denn tun?«
Antwortet der Bergbauer: »Mit einem Schemel ist es ganz leicht. Aber es strengt an. Vor allem, weil man immer nach vorn rennen muß, wenn man einen Kuß haben will.«

*

Zwei Neugeborene liegen nebeneinander auf der Säuglingsstation.
Sagt das eine: »Du, ich weiß, daß ich ein Junge bin!«
»Wieso?«
»Wenn die Schwester rausgeht, dann zeige ich es dir.«
Als die Luft rein ist, strampelt das Baby die Bettdecke weg und sagt: »Siehst du – blaue Söckchen!«

Im Kindergarten. Sagt der kleine Hannes: »Stell dir vor, gestern habe ich ein Präservativ auf der Terrasse gefunden.«
Wundert sich sein Freund: »Was ist eine Terrasse?«

*

Mit großen Augen starrt das Dienstmädchen auf ein Kondom im herrschaftlichen Bett.
»Nun beruhigen Sie sich doch«, meint die Dame des Hauses maliziös. »Machen Sie so etwas vielleicht nicht?«
»Doch, schon«, stottert das Mädchen, »aber nicht, bis die Haut abgeht.«

*

Gudrun fragt ihren neuen Freund Jochen: »Können wir nicht aufhören und uns woanders weiterlieben? Es stört mich, daß hier immer die Tür auf und zu geht.«
»Tut mir leid, das geht nicht«, antwortet er. »Ich bin nun mal der Fahrstuhlführer und darf meinen Posten nicht verlassen.«

*

Ein Marsmensch steigt in die Straßenbahn und setzt sich hinter ein Ehepaar. Er tippt mit der Hand auf die Schulter der Frau, worauf der Ehemann ihm androht: »Noch einmal, und ich versohle Ihnen den Hintern.«
»So etwas haben wir nicht«, sagt lächelnd der Marsmensch und tippt wieder.
Der Ehemann ist außer sich. »Dann entmanne ich Sie.«
»So etwas haben wir auch nicht.« Der Marsmensch grinst.
Da siegt bei dem Ehemann die Neugier. »Und wie schwängert ihr eure Frauen?«
»So«, sagt der Marsmensch und tippt der Frau auf die Schulter.

Ein Lastwagenfahrer sieht vor sich auf der Straße ein Pärchen beim Lieben. Er hupt wie wild, die beiden hören nicht auf. Er tritt auf die Bremse und kriegt seinen Lastwagen gerade noch vor ihnen zum Stehen.
Wütend schreit er hinaus: »Sehen Sie nicht, daß ich gekommen bin?«
Ächzt der junge Mann: »Ich bin gekommen, Sie sind gekommen. Aber wer hat 'ne Bremse, Sie oder ich?«

*

Marianne fragt ihre Freundin: »Wie kommst du eigentlich mit dem verrückten Millionär zurecht?«
»Leidlich«, meint die Freundin achselzuckend. »Allerdings will er immer nur im Sarg bumsen.«
»Das erschüttert dich wohl sehr?«
»Mich weniger. Aber die sechs Träger.«

*

Im Harem eines reichen Ölscheichs gießt der Eunuch mit einer Gießkanne Wasser über die Haremsdamen.
Erkundigt sich ein Gast neugierig: »Was hat denn das zu bedeuten?«
Antwortet der Eunuch: »Die, bei der es zischt, ist dran.«

»Sollen wir nicht als Jungfrauen noch mal ganz von vorne anfangen?«

oder

Das älteste Gewerbe der Welt

Schiffskatastrophe. Nur eine Prostituierte und ein junger Mann können sich auf eine einsame Insel retten.
Nach drei Monaten meint sie: »Ich möchte nur wissen, wie Sie die achtzigtausendvierhundertsechzig Mark bezahlen wollen, die Sie mir inzwischen schulden.«

Es fragte das Callgirl:

»Was meinst du, sollen wir nicht in eine andere Stadt ziehen und als Jungfrauen noch einmal ganz von vorn anfangen?«

Sandner ist Bauunternehmer und geht am späten Abend noch einmal die Baustellen ab. An einer seiner Baustellen betrachtet er mit Wohlgefallen das Schild: *Hier baut Sandner & Co. das neue Eros-Center.*
Da sieht er, wie sich auf einem Bretterstapel ein Liebespaar intensiv betätigt.
»He, Sie, scheren Sie sich hier weg!« ruft er empört. »Können Sie nicht warten, bis das Haus fertig ist?«

*

Vor der Wohnung des Callgirls warten bereits zehn Verehrer, als sie endlich nach Hause kommt.
»Tut mir leid, Jungs«, entschuldigt sie sich, »ich hatte einen anstrengenden Tag. Zwei von euch müssen gehen.«

*

Der Nachlaß einer Bordellbesitzerin wird versteigert, darunter auch ein sprechender Papagei.
Es werden geboten: »Zwanzig Mark.« Ein anderer ruft: »Dreißig Mark.«
Da meldet sich der Papagei: »Sei doch nicht so knauserig, Schatzi, für hundert Mark mach ich's besonders schön!«

Baumann besucht ein Callgirl. Er sieht sich in ihrer Wohnung um und staunt: »Mein Gott, haben Sie viele Bücher!«
»Ja«, meint sie, »ich habe ja auch sechs Semester Philosophie studiert.«
»Nanu, und wie kommen Sie dann an dieses Gewerbe?«
Erklärt sie lässig: »Ach, das war ein reiner Glücksfall.«

*

In allen Zimmern des Hotels liegt auf dem Nachttisch neben dem Telefon die Bibel. Ein Gast findet in seinem Exemplar einen Zettel: *Wenn Sie Hilfe und Trost suchen, dann wählen Sie im Buch Hiob das Kapitel 19, Vers 1–29.*
Unter dem angegebenen Kapitel steht von zarter Damenhand geschrieben: *Wenn Sie das nicht trösten kann, dann wählen Sie die Telefonnummer 346566.*

*

Albert geht ins neue Eros-Center. Es ist alles sehr luxuriös, komfortabel, natürlich mit Lift.
Albert fährt zur ersten Etage und sieht ein Hinweisschild: *Abteilung echte Blonde.*
Albert fährt weiter: Zweite Etage: *Abteilung Schwarzhaarige.* Erneuter Knopfdruck: *Abteilung Exoten und besondere Wünsche.*
Die Neugier treibt Albert rauf ins vierte Stockwerk. Da liest er auf dem Schild: *Was willst du eigentlich – bumsen oder Lift fahren?*

*

»Ihr seid alle eingestellt«, meint Madame gnädig. »Vera darf pro Nummer zweihundert Mark verlangen und Karen einhundertfünfzig Mark. Nur du, Heidi, wirst dich noch einige Zeit mit fünfzig Mark begnügen müssen, bis du begriffen hast, daß der Kunde immer zuerst kommt.«

BIST DU WAHNSINNIG, KIND, MIT 16 JAHREN WILLST DU SCHON DIE PILLE?
LOGO! ODER WER GARANTIERT MIR, DASS ICH NOCH-MAL DREI JAHRE GLÜCK HAB'.

Ein Liliputaner kommt ins Eros-Center und landet bei Gundula, der ein Meter achtzig großen Starfrau. Sie beginnen.
Gundula stemmt den Kleinen hoch und fragt: »So richtig?«
»Nein, zu hoch.«
Sie schiebt ihn etwas tiefer. »So richtig?«
»Nein, zu tief.«
Sie schiebt ihn wieder etwas höher und fragt: »Jetzt richtig?«
»Nein – zu spät.«

Es fragte der Quizmaster:

»Was ist ein Callgirl?« – »Ein Mädchen, das jedem Ruf folgt, ohne auf den eigenen zu achten.«

Im Eros-Center ist Feuer ausgebrochen. Ein nackter Mann stürzt aus dem brennenden Haus und ruft keuchend einem Feuerwehrmann zu:
»Wenn Sie eine niedliche brünette Superbiene sehen, geben Sie mir bitte Bescheid. Ich habe nämlich schon bezahlt!«

*

Vor Gericht werden die raffinierten Praktiken eines Sex-Massagesalons durchleuchtet.
Nach dem Verhör einer aufregend gebauten blonden Zeugin fragt der Richter: »Hat noch jemand Fragen an die Zeugin?«
Erhebt sich der Staatsanwalt und murmelt errötend: »Wenn ich die Privatanschrift noch einmal hören könnte...?«

Ein kleiner Junge fragt eine Passantin höflich nach dem Weg zum Eros-Center. Die Frau klebt ihm voller Empörung eine. Ein Stück weiter fragt er einen älteren Herrn. Der klebt ihm auch eine.
Da geht der Kleine wieder nach Hause und sagt wütend zu seinem Vater: »Hol dir doch deinen blöden Schirm selber ab!«

*

Als der Bademeister morgens seinen Dienst antritt, krault eine sehr attraktive Frau in atemberaubendem Tempo durchs Becken.
Er springt ins Wasser und krault neben ihr her. Aber er kann nicht mithalten, nach zwei weiteren Runden steigt er aus dem Wasser.
Völlig außer Atem ruft er ihr zu: »Sie sind ja fabelhaft! Sind Sie Europameisterin oder so was?«
»Aber nein.«
»Was dann?«
»Callgirl in Venedig!«

*

Konrad hat lange gespart, um ins Eros-Center gehen zu können. Als das Mädchen das Kleingeld sieht, lehnt sie ab und sagt:
»Mit mir nicht, mein Lieber. Bis ich den Zaster da gezählt habe, ist deine Zeit um!«

*

Der Richter schreit den Angeklagten an: »Ich kenne Sie doch, ich habe Sie schon öfter gesehen! Wie viele Male sind Sie denn schon vorbestraft?«
»Überhaupt nicht, Herr Vorsitzender«, versichert der Angeklagte, »aber ich bin Portier im Eros-Center.«

Ein Schweizer kommt nach München. Abends in der Bar setzt sich eine Dame zu ihm und macht ihm ein deutliches Angebot.
»Was soll denn das kosten?« fragt er vorsichtig.
»Zweihundert Mark.«
Das ist dem Schweizer zuviel.
»Dafür darfst du auch zweimal«, verspricht sie ihm.
»Das ist kein Vorteil«, erklärt der Schweizer. »Ich bin ja nur eine Woche in München...«

*

Nach jahrelangem Aufenthalt in London kehrt eine irische Katholikin recht wohlhabend in ihr Heimatdorf zurück. Ihr erster Weg führt sie in die Kirche. Dort beichtet sie.
»Hochwürden, ich muß Ihnen etwas gestehen. Ich bin Prostituierte geworden.«
Der Pfarrer meint mit einem Seufzer: »Gott sei Dank. Ich dachte schon, du bist Protestantin geworden.«

Es sagte der Freund:

»Ich will ja nicht behaupten, daß es Kerstin mit jedem treibt, aber hast du jemals ein Mädchen erlebt, das zu Hause einen Präservativ-Automaten hängen hat?«

»Was, du willst schon gehen?« fragt das Callgirl einen Stammkunden, der sonst immer recht lange bleibt.
»Ja, leider. Aber heute ist der erste Samstag im Monat, und da muß ich noch etwas für meine Frau aufheben!«

Ein achtzigjähriger Opa geht in den Puff und läßt sich von der Dame seiner Wahl über die Preise aufklären: »Auf dem Boden kostet es fünfzig Mark, auf dem Sofa hundert und im Bett zweihundert.«
Als der Opa mit zittriger Hand zwei Hundertmarkscheine aus der Brieftasche zieht, steuert sie sofort auf das Bett los, aber der Opa ruft: »Nein, nein, viermal auf dem Boden!«

*

Die flotte Blondine läßt sich von einer Zigeunerin aus der Hand lesen. Die Alte ist fasziniert.
Staunend sagt sie: »Seit den Memoiren der Fanny Hill habe ich so etwas Tolles nicht mehr gelesen...«

*

»Komm, wir gehen heute wieder ins Bordell!« schlägt Kirchberger seinem Freund vor.
Meint der tief betrübt: »Geht nicht, meine Frau ist gestorben.«
Darauf Kirchberger etwas ungeduldig: »Na und – dann nimm doch eine andere.«

*

Flaute im Eros-Center. Die blonde Miriam läßt sich von einem Kunden überreden.
»Ich heiße Angelo«, sagt er, »und gebe dir zweihundert Mark für die ganze Nacht. Du mußt kein Wort reden, und das Licht kann auch ausbleiben.«
Sie ist einverstanden. Der Freier scheint allerdings unersättlich zu sein. Im Morgengrauen stöhnt Miriam: »Hör endlich auf, Angelo, ich kann nicht mehr.«
Der Freier wundert sich. »Was heißt hier Angelo? Der sitzt seit gestern nacht auf der Treppe und verkauft Eintrittskarten!«

Vor dem Haus der Madame marschiert seit Tagen ein Mann mit einem Schild auf und ab, auf dem in großen Buchstaben zu lesen steht, daß die Arbeitsbedingungen drinnen nicht die allerbesten seien.
Am dreizehnten Tag wird es der Madame zuviel, und sie ruft aus dem Fenster: »Wirf dein Schild weg, du alter Nervtöter, und hör mit deiner Protestveranstaltung auf! Ab heute kriegt deine Frau dreißig Mark mehr pro Kunde.«

Es sagte der Schlauberger:

»Was machen Prostituierte aus der Schweiz mit ihrem Geld? Sie legen es aufs Nummerkonto!«

Der schwerreiche Ehemann hat den Abend mit einem Callgirl verbracht und ist überrascht, wie wenig Geld sie von ihm verlangt.
»Es geht mich ja nichts an«, redet er ihr zu, »aber du verkaufst dich unter deinem Wert, und, ganz ehrlich, ich verstehe wirklich nicht, wie du auf deine Kosten kommst.«
»Na, es geht so«, sagt sie. »Ich habe nebenbei noch eine gutgehende Erpresserei.«

*

»Erinnerst du dich noch an die Waschmaschine, die ich mir vor drei Jahren gekauft habe?« fragt Inge ihre Freundin Elke. »Ich habe sie jetzt wieder verkauft und zweihundert Mark mehr bekommen, als ich bezahlt habe.«
»Ach, das ist noch gar nichts.« Elke lacht. »Erinnerst du dich noch an das französische Bett, das ich mir vor zwei Jahren zugelegt hatte? Ich habe achthundert Mark dafür bezahlt und bis jetzt dreißigtausend damit verdient!«

JETZT WEISS ICH ENDLICH, WARUM DIESE HOSEN AUCH NIETENHOSEN GENANNT WERDEN.

Das Callgirl zeigt einer Kollegin ihre fünf Wochen alte Tochter.
»Ist sie nicht süß?« schwärmt die Mutter. »Und auf dem Rücken liegen kann sie auch schon...«

*

Nolte schlendert mit seiner Frau durch eine verrufene Straße. Er renkt sich dabei fast den Hals aus, um alle »Damen« genau zu sehen.
Schließlich wird es seiner Frau zu bunt, und sie faucht ihn an: »Hier hast du hundert Mark. Zieh los und blamier dich!«

*

Haslinger geht ins Bordell und fragt die Puffmutter, was eine Nummer kostet.
»Hundert Mark«, sagt sie.
»Ich habe aber nur zwanzig Mark.«
»Für zwanzig Mark kannst du dir einen runterholen«, blafft sie ihn an.
Zehn Minuten später ist Haslinger wieder da.
Faucht die Puffmutter: »Was willst du denn schon wieder?«
Darauf meint der kleinlaut: »Bezahlen.«

*

Vor dem Eros-Center zieht der Boxer mit der Pudeldame eine heiße Sex-Show ab. Ein Dutzend Leute schauen zu. Als sie endlich zum Ende gekommen sind und in verschiedenen Richtungen verschwinden, klingelt der kleine Werner am Eros-Center Sturm und ruft, als eine der Bewohnerinnen in der Tür erscheint: »Sie, Fräulein, gerade eben ist Ihre Reklame weggelaufen!«

»Weiß deine Mutter eigentlich, was du hier treibst?« fragt der Freier eine blutjunge Prostituierte.
Meint sie ganz entsetzt: »Hoffentlich nicht. Das ist nämlich ihr Revier!«

Es sagte das Callgirl:

»Und wenn du zehnmal Fußballer bist – einen Freistoß gibt's bei mir nicht!«

Einige Jahre hat sie ihre Eltern nicht besucht, und die Wiedersehensfreude ist groß.
»Gut scheint es dir zu gehen«, sagt die Mutter stolz. »Der Wagen, der Pelz – was machst du eigentlich?«
»Ich bin Vertreterin.«
»Und was vertrittst du so erfolgreich?«
»Nun ja, Ehefrauen, Freundinnen, Geliebte und so...«

*

Um ihr Geschäft anzukurbeln, verspricht die Bordellbesitzerin demjenigen fünfhundert Mark, der eines ihrer Mädchen zehnmal hintereinander beglücken kann. Matrose Jan, gerade von langer Fahrt zurück, ist sexuell ausgehungert und fühlt sich stark genug, sich an dem Wettbewerb zu beteiligen.
Jan sucht sich die Hübscheste aus und legt los. »So«, keucht er nach dreieinhalb Stunden, »das war's dann wohl. Her mit dem Geld!«
»Das waren aber erst neunmal«, behauptet die Prostituierte.
Jan will gerade Krach schlagen, da greift die Puffmutter schlichtend ein: »Wenn ihr euch nicht einigen könnt, dann fangt eben noch mal von vorn an.«

Der anspruchsvolle Kunde im Eros-Center will unbedingt eine Jungfrau.
»Damit können wir dienen«, sagt Madame. »Es wird allerdings noch einen Moment dauern. Die hat gerade einen Kunden...«

*

Eine gutverdienende Prostituierte, die sich auf ältere Jahrgänge spezialisiert hat, zeigt ihrer Freundin ihre wunderschöne Wohnung.
Als die beiden zum Schlafzimmer gelangen, erklärt sie: »Und das hier ist die Nußknackersuite!«

*

»Ich brauche noch vierzehn Schlüssel zu meinem Appartement«, erklärt die Brünette ihrem Hausmeister.
Meint der nach einem langen, taxierenden Blick: »Sollen wir nicht lieber eine Drehtür einbauen lassen?«

*

Die Mutter fährt mit ihrer kleinen Tochter im Bus durch die Stadt. Es ist schon früh am Abend, und die Prostituierten stehen so herum.
»Worauf warten die Frauen?« fragt das Mädchen.
»Sie holen ihre Männer von der Arbeit ab«, antwortet die Mutter hastig.
»Liebe Frau«, mischt sich der Busfahrer ein, »warum sagen Sie ihr nicht die Wahrheit? Sie ist doch alt genug.«
»Bitte, Mami«, fleht das Mädchen.
Nach einem vernichtenden Blick auf den Busfahrer beginnt die Mutter die Sache zu erklären.
»Und was passiert mit den Kindern, die diese Frauen bekommen?« fragt das Mädchen zum Schluß.
»Wenn sie erwachsen sind«, sagt die Mutter, »werden sie alle Busfahrer.«

Drei Männer auf St. Pauli. Der erste geht mit hundert Mark ins Bordell und erzählt später: »Sie legte mir eine Ananasscheibe um den Pimmel und knabberte sie langsam ab, das war super.«
Der nächste geht mit zweihundert Mark rein und erlebt das gleiche mit zwei Ananasscheiben.
Mit dreihundert Mark geht schließlich der letzte rein. Später beim Erzählen verdreht er fast die Augen.
»Sie nahm drei Ananasscheiben, spritzte noch etwas Sahne drauf und garnierte alles mit einer Kirsche. Ja, und das sah dann so lecker aus – da habe ich es selbst gegessen!«

*

Der junge Mann wird an der Hamburger Davidswache von einer älteren Dame angesprochen. »Verzeihung, wo gibt es denn hier einen Bauernhof?« will sie wissen.
»Einen Bauernhof?« fragt er verblüfft. »Hier auf St. Pauli gibt es doch keinen Bauernhof!«
»Komisch«, meint sie kopfschüttelnd. »Meine Tochter hat mir doch geschrieben, sie ackere jetzt auf der Reeperbahn...«

Es stand am Eros-Center:

Wegen Personalmangels werden die Ehemänner gebeten, ihre Frauen mitzubringen.

Unterhalten sich ein Boxer und ein Callgirl.
Sagt der Boxer: »Meine Devise ist – hart sein im Nehmen.«
Antwortet das Callgirl nur: »Wem sagst du das!«

»Was ist eigentlich ein Coitus interruptus?«

oder

Ein Glas Wasser anstatt

Petra hat eine Samtstimme am Telefon. Nachdem sie einem Kunden mit einem Ferngespräch die gewünschte Auskunft übermittelt hat, fragt sie: »Könnte ich sonst noch etwas für Sie tun?«
Er seufzt: »Ja, ganz bestimmt – aber nicht auf diese Entfernung.«

*

Ein verliebtes Pärchen kommt in ein Hotel und verlangt ein Zimmer. Der Portier meint, höchstens im fünfzehnten Stock wäre noch etwas frei. Die beiden entschließen sich dazu und fahren im Lift nach oben.
Wenige Minuten später kommen sie die Treppe wieder herunter, und der junge Mann sagt: »Herr Portier, da haben Sie ein Trinkgeld – das Zimmer brauchen wir nicht mehr.«

*

Es klingelt an der Tür. Joachim öffnet. Draußen steht seine Freundin.
»Ich habe heute einen Schwangerschaftstest machen lassen«, verrät sie. »Willst du uns nicht reinlassen?«

*

Der Bankbeamte liegt neben seiner Frau im Bett und fühlt ein männliches Rühren.
»Liebling«, flüstert er, »die Aktien steigen, die Kurse sind fest. Steigst du ein?«
»Nein«, antwortet sie, »die Börse ist heute geschlossen...«
Nach einiger Zeit jedoch ist die Frau des Bankbeamten durchaus bereit, und sie flüstert: »Schläfst du schon? Die Börse ist nun doch geöffnet.«
»Zu spät«, lautet die Antwort, »ich habe das ganze Paket gerade unter der Hand verschleudert.«

»Unverschämtheit«, beschwert sich der Kunde im Sex-Shop, »die roten Kondome, die ich gestern gekauft habe, färben ab!«
Mischt sich der danebenstehende Opa ein: ». . . und außerdem knicken sie in der Mitte ständig durch!«

*

Oskar steht mit seiner neuen Freundin zum erstenmal unter der Dusche.
Meint die Freundin: »Ist er das?«
»Ja, das ist er.«
Sagt das Mädchen leicht bestürzt: »Da müssen wir aber sehr, sehr sparsam sein!«

Es fragte die Freundin:

»Na, wie war's in den Flitterwochen?«
»Wie auf den meisten Lottoscheinen: Von neunundvierzig Nummern nicht einmal drei richtige!«

Die Forschungsstation ist nur mit zwei Mann besetzt. »Verdammte Einsamkeit«, tobt der eine plötzlich los. »Ich weiß kaum noch, wie ein Weib aussieht!«
Ächzt der andere: »Halt bloß den Mund und mach mich nicht wahnsinnig; ich weiß nämlich genau, wie ein Weib aussieht!«

*

Das ältere Fräulein ruft aufgeregt bei der Telefonstörungsstelle an:
»Ich habe gerade einen obszönen Anruf bekommen – wir sind unterbrochen worden!«

OH MARA, KANN ICH DENN GAR KEIN FEUER IN DIR ENTFACHEN?
JA, WIE DENN? MIT DIESEM TRAURIGEN DOCHT?

Es klagte die Freundin:

»Mein Freund ist wie ein abstrakter Maler – ein paar Striche mit dem Pinsel, und er ist fertig!«

»Warum heißt meine Schwester ›Aufgehende Sonne‹?« fragt der Indianerjunge seinen Vater.
»Ganz einfach, mein Sohn: Als deine Schwester gezeugt wurde, ging die Sonne auf.«
»Und warum heißt mein Bruder ›Voller Mond‹?«
»Er wurde gezeugt, als Vollmond war. Hast du noch eine Frage, ›Geplatzter Gummi‹?«

Es fragte der junge Mann:

»Kann ich denn gar kein Feuer in dir entfachen?«
»Mit diesem traurigen Docht?«

Das Liebespaar übernachtet zum erstenmal in einem Hotel. Während er sich langsam auszieht, zündet sie sich eine Zigarette an.
»Das solltest du nicht tun«, sagt er. »Es ist ungesund und behindert außerdem das Wachstum.«
»Rauchst du überhaupt nicht?« will sie daraufhin wissen.
»Aber natürlich nicht«, antwortet er und zieht den Slip aus.
»Interessant«, zischt sie. »Und was für eine Entschuldigung hast du dann?«

»Nanu«, wundert er sich, nachdem sie sich geliebt haben.
»Nimmst du die Pille jetzt abends?«
»Nein, nein«, antwortet sie. »Es ist nur ein Beruhigungsmittel. Ich werde nämlich ganz nervös, wenn ich daran denke, daß ich seit zwei Tagen die Pille vergessen habe.«

*

Als er nach einer eher schwachen Nummer seine Jeans wieder anzieht, meint sie boshaft:
»Jetzt weiß ich endlich, warum man diese Dinger auch Nietenhosen nennt.«

Es sagte die Pilotenfrau:

»Wenn du schon nicht hochkommen kannst, dann geh wenigstens von der Piste runter!«

Ein Mann und eine Frau sitzen in der Münchner S-Bahn. Nach kurzer Zeit beginnt er, sich an sie heranzumachen und versucht, seine Finger an ihre Brustwarzen zu bekommen.
Sie knallt ihm eine.
»Ich wollte doch nur Radio Luxemburg einstellen«, entschuldigt er sich grinsend.
Sie zeigt auf seine Hose und antwortet: »Bei der kurzen Antenne bekommen Sie ja noch nicht mal Bayern drei!«

*

»Ich liebe dich ganz schrecklich!« seufzt der junge Mann.
»Da hast du recht«, antwortet die flotte Gespielin, »ich werde dir mal zeigen, wie man's richtig macht.«

»Ich bin wirklich wütend«, erzählt der Industrielle seinem Anwalt. »Stellen Sie sich vor, mein Sohn hat unser Dienstmädchen geschwängert.«
»Ihr Sohn? Wie alt ist er denn?« fragt der Anwalt.
»Fünf Jahre.«
»Und mit fünf Jahren soll er ein Mädchen schwängern können?« fragt der Anwalt ungläubig.
»Ja«, schimpft der Industrielle, »so ist es. Der Bengel hat vor kurzem sämtliche Präservative mit der Nadel angestochen!«

Es sagte Schneewittchen:

»Selbstverständlich habe ich immer von sieben Zentimetern geträumt. Aber doch nicht von einem nach dem anderen!«

Am Sonntag morgen klingelt beim Tierarzt das Telefon. Eine aufgeregte Dame bittet dringend um Rat, wie sie den Hund von der heißen Hündin runterkriegt.
»Gehen Sie mit dem Besenstiel auf die beiden los«, empfiehlt der Veterinär und legt auf.
Kurz darauf ist die Anruferin wieder am Telefon. Es hat nichts geholfen.
»Also gut«, sagt der Arzt etwas ungeduldig, »schütten Sie einen Eimer Wasser über die beiden.«
Wenig später klingelt es wieder: »Das mit dem Wasser hat auch nichts genützt, Herr Doktor.«
Der Tierarzt wird wütend. »Sie gehen jetzt raus und sagen dem verdammten Rüden, er werde am Telefon verlangt.«
»Und Sie meinen, das wirkt?« fragt die Anruferin ungläubig.
»Gute Frau«, brüllt der Doktor, »bei mir hat es in der letzten Viertelstunde dreimal gewirkt!«

UNVERSCHÄMTHEIT!
DIESE ROTEN KONDOME FÄRBEN JA TOTAL AB!
JAWOHL! UND IN DER MITTE, DA KNICKEN SIE IMMERWIEDER UM.

Zugegeben, viel Erfahrung hat das Mädchen noch nicht. Sie stemmt sich im Bett hoch und sagt zu ihrem Liebhaber:
»Also, was nun? Rein oder raus – dieses ewige Hin und Her macht mich noch ganz nervös...«

*

Und dann war da noch der Mann, der seine Geilheit mit kalten Duschen bekämpfte.
Jetzt bekommt er bei jedem Regenschauer eine Erektion...

*

Ein Ehemann überrascht seine Frau mit ihrem Liebhaber im Bett.
»Verlassen Sie sofort meine Wohnung!« brüllt der Gehörnte.
»Ihre Frau hat mich eingeladen, und Sie schmeißen mich raus«, mault der Liebhaber. »Ich möchte ja bloß wissen, wer hier was zu sagen hat!«

*

Ein wildes Hämmern an die Wand eines Hotelzimmers alarmiert die Gäste. Der Portier dringt mit dem Hauptschlüssel in das Zimmer ein und findet einen älteren Mann vor, der mit beiden Fäusten an die Wand trommelt.
»Hören Sie auf!« ruft der Portier. »Sie wecken ja das ganze Haus auf.«
»Was interessiert mich Ihr Hotel!« schreit der Mann und hämmert weiter gegen die Wand. »Das ist seit Jahren meine erste Erektion – und nun sind mir die Hände eingeschlafen!«

Der Vater betrachtet seine Tochter mit finsteren Blicken. »Soso, du bekommst also ein Kind«, knurrt er. »Dann willst du wohl gleich heiraten?«
»Aber nein«, sagt die Tochter erstaunt. »Ich wüßte auch gar nicht wen.«

Es sagte die Freundin:

»Ehrlich gesagt, ich würde nie wieder einen Mann heiraten, der ein Siebenmonatskind war.«
»Und warum nicht?«
»Er hat sich nicht geändert. Er kommt jedesmal zu früh.«

Bachhuber hat wieder im Bett versagt.
Jammert seine Frau: »Da habe ich beim Waschen des Lakens wohl wieder zuviel Weichspüler erwischt.«

*

Frisch verheiratet und doch frustriert ist die Frau, weil ihr Mann im Bett lediglich die Zeitung liest.
Ihre Mutter gibt ihr einen guten Rat. »Lang doch einfach mal unter seine Bettdecke, dann wird ihm schon was Besseres einfallen.«
Am nächsten Morgen ruft die Mutter voller Neugier an. Die Tochter ist noch niedergeschlagener als bisher. »Ich habe es probiert«, sagt sie. »Er hat auch unter meine Bettdecke gelangt.«
»Na, großartig, und warum bist du dann so unzufrieden?«
»Er hat den Finger angefeuchtet und dann seine Zeitung umgeblättert.«

Im Zug sitzen sich ein bildhübsches Mädchen und ein junger Mann gegenüber. Die Kleine trägt ein Minikleid, das der Phantasie nicht mehr viel Spielraum läßt, und so wird der junge Mann immer unruhiger.
Plötzlich holt das hübsche Kind eine Banane aus der Tasche, schält sie ab, schiebt sie langsam in den Mund und fragt dann mit gekonntem Augenaufschlag: »Sind Sie jetzt sehr eifersüchtig?«

*

Nach Wochen kehrt der Frachter von großer Fahrt zurück. Schon von weitem ruft der Steuermann seiner Frau am Anleger zu: »E-B, E-B!«
Sie brüllt zurück: »E-E, E-E!«
Der Kapitän will wissen, was denn das zu bedeuten habe.
»Ach«, sagt der Steuermann, »immer das gleiche. Sie will erst essen!«

Es fragte der Liebhaber:

»Nun, sag doch mal, Mausi, war das nicht ein schöner Orgasmus?«
»Ach so, du hattest einen?«

Die junge Frau ist jetzt schon zwei Wochen verheiratet und immer noch im Besitz ihrer Unschuld.
Am nächsten Abend sagt sie zu ihrem Mann: »Sag mal, wird es nicht Zeit, daß du deinen ehelichen Pflichten nachkommst, oder weißt du nicht wie und wann?«
Er denkt eine Weile nach, dann meint er gedehnt: »Ich wüßte schon wie, aber für den Zeitpunkt kann ich mich noch nicht entscheiden...«

Der Vater findet seine halbwüchsige Tochter mit einem Tankwagenfahrer im Bett vor.
Er ist außer sich vor Zorn und brüllt: »Fahren Sie sofort rückwärts wieder raus, und geben Sie acht, daß Sie Ihre Ladung nicht verschütten!«

*

Er müht sich ab und fragt schließlich: »Ist er drinnen, Liebling?«
»Nein.«
»Komisch, draußen ist er auch nicht!«

Es sagte der Waidmann:

»Der glückliche Jäger hat den Hasen in der Hand, die Büchse geschultert, und der Hund steht daneben. Der unglückliche Jäger hat den Hasen im Bett, die Hand auf der Büchse, und der Hund steht nicht.«

Ein Mann steht mit seiner Freundin vor der verschlossenen Haustür. Er sucht in sämtlichen Taschen nach dem Schlüssel, findet ihn aber nicht.
Resignierend sagt er schließlich: »Tja, da stehen wir drei nun dumm rum.«

*

In der Nacht klopft der Sohn an die elterliche Schlafzimmertür. Nach einigen Minuten erscheint sein Vater, völlig außer Atem.
»Papi«, will der Kleine wissen, »was ist eigentlich ein Coitus interruptus?«

Zwei Nonnen betrachten eine Hühnerschar auf dem Hof. Plötzlich setzt der Hahn einer der Hennen nach. Die Henne flüchtet und rennt ängstlich gackernd auf die Straße, wo sie sofort von einem Auto erfaßt und getötet wird.
Sagt die eine Nonne zur anderen: »Siehst du, sie ist lieber in den Tod gegangen!«

»Schau mal, womit ich geklopft habe!«

oder

Gelobt sei, was hart macht

Harald zieht Evi während der Party ins Nebenzimmer und fängt sofort an, sich auszuziehen.
»Das ist ja ein starkes Stück«, murmelt sie.
»Was?« fragt er empört. »Und von der Länge sagen Sie gar nichts?«

*

»Hach«, schwärmt Inge nach ihrem Adria-Urlaub, »die Italiener sind halt richtige Männer. Beim Autofahren werfen sie mit der einen Hand den Mädchen Küsse zu, und mit der anderen geben sie noch Verkehrszeichen.«
»Und womit steuern sie?«
»Ich sagte doch: Das sind noch Männer!«

*

Ingo, Hauptdarsteller in einem Sexstreifen, kommt erschöpft nach Hause.
»Hattest du einen harten Tag im Studio?« fragt ihn seine Frau liebevoll.
Antwortet er: »Ja, mein Schatz, Gott sei Dank!«

*

Harald hat seit Wochen an die sechzehnjährige Evelyn hingearbeitet, bis er sie endlich auf seiner Bude hat. Er zieht seine Hose aus, zeigt auf sein bestes Stück und fragt: »Weißt du, was das ist?«
»Ja, ein Pippimann«, lautet die Antwort.
»Hör zu, Evelyn. Ab sofort wollen wir das ›Schwanz‹ nennen, klar? Also, was ist das?«
»Ein Pippimann.«
»Nein, das ist ein Schwanz!«
»Jetzt paß mal auf, Harald!« sagt sie energisch. »Ich habe schon viele Schwänze gesehen. Und ich sage dir: Das ist ein Pippimann.«

Der junge Mann betritt die Drogerie und sagt zu der Verkäuferin: »Hör mal, du Karbolmaus, ich brauche zwanzig Kondome!«
»Aber Sie haben doch gestern erst zwanzig bei mir gekauft«, meint die Verkäuferin mit erstaunt hochgezogenen Augenbrauen.
»Na und?« meint er lässig. »Die Puppe hat mich gebeten, noch einen Tag zu bleiben.«

*

»Hallo, Liebling!« schnauft der anonyme Anrufer. »Wenn du raten kannst, was ich hier in meiner Hand habe, kriegst du was ab davon.«
»Hör zu, kleines Schwein«, sagt sie am anderen Ende der Leitung. »Wenn du's in einer Hand halten kannst, bin ich nicht interessiert.«

*

Das Liebespaar begrüßt sich stürmisch auf dem Bahnhof.
»Schatz«, seufzt er, »mein Herz klopft so.«
»Ach«, erwidert sie fröhlich, »ist es dir vor lauter Wiedersehensfreude etwa in die Hose gerutscht?«

*

»Krampfadern an dieser Stelle?« fragt der Patient ungläubig den Arzt.
»Warum denn nicht – vom vielen Stehen...«

*

Andreas ist mit seiner Freundin in den Wald gegangen. Nun liegt sie, nur noch mit ihrer Armbanduhr bekleidet, neben ihm.
»Schatz«, meint da Andreas, »willst du nicht lieber deine Uhr ablegen? Es könnte ja sein, daß sie nicht ganz stoßfest ist!«

SELBSTBEFRIEDIGUNG, MEINE LIEBEN, DAS IST EBEN DIE LIEBE AN UND FÜR SICH.

Mit sechs Jahren war er auf eine einsame Insel verschlagen worden. Jetzt ist er fünfundzwanzig, und eines Tages, als er auf Nahrungssuche herumwandert, stolpert er über eine aufregend schöne Frau, die sich nach einem Schiffsunglück hat retten können. Sie will wissen, wie lange er schon auf diesem verlassenen Stückchen Erde lebt.
»Fast zwanzig Jahre«, sagt er.
»Zwanzig Jahre! Wie haben Sie denn bloß überlebt?«
»Oh, ich fische, grabe nach Muscheln und pflücke Beeren und Kokosnüsse.«
»Und wie steht's mit Sex?« fragt sie.
»Was ist das – Sex?« Er sieht verwirrt aus.
Da zieht sie ihn auf den Sand neben sich und zeigt ihm, was Sex ist. Danach fragt sie, wie es ihm gefallen habe.
»Großartig«, lautet die Antwort. »Aber sieh dir bloß an, was du mit meinem Werkzeug gemacht hast, mit dem ich nach Muscheln grabe!«

Es fragte der Freund:

»Was ist wichtiger, ein langes Glied zu haben oder eine ausgefeilte Technik?«
»Technik, natürlich.«
»Aha, wieder einer mit 'nem Kurzen!«

Zwei Männer in der Sauna. Der eine hat einen unglaublich großen Penis.
Fragt der andere neidvoll: »Muß wohl ein herrliches Gefühl sein, wenn er in Aktion ist?«
»Weiß ich nicht«, bekommt er zur Antwort.
»Wieso wissen Sie das denn nicht?«
»Nun, bei der Erektion braucht er so viel Blut, daß ich immer ohnmächtig werde.«

Zwei Männer auf der Bahnhofstoilette. Der eine hält krampfhaft die Arme an den Körper gepreßt und bittet seinen Nachbarn: »Können Sie mir bitte mal den Schlitz aufmachen?«
Der andere glaubt, einen Behinderten vor sich zu haben, und hilft ihm.
Kurz danach: »Es ist mir wirklich peinlich, aber vielleicht könnten Sie ihn mir rausholen?«
Der hilfsbereite Nachbar tut auch dies, doch nach einem kurzen Blick auf das Anhängsel stellt er erschrocken fest: »Um Gottes willen, der ist ja über und über mit roten Punkten bedeckt!«
»Ja, ich weiß«, meint der andere sorgenvoll, »und solange ich nicht weiß, was es ist, rühre ich ihn auch nicht mehr an!«

*

Zwei Geschäftsfreunde müssen im überfüllten Hotel ein Doppelzimmer nehmen. Am nächsten Morgen fragt der eine: »Sagen Sie, onanieren Sie jede Nacht?«
»Ja«, antwortet der andere seelenruhig, »dann kann ich besser einschlafen.«
»Und warum haben Sie dann meinen genommen?«
»Damit ich heute morgen nicht so kaputt bin.«

*

Patient Pfeiffer gibt seine Urinprobe im hochmodernen Labor der neuen Klinik ab und erhält vom Computer folgende Analyse: »Sie haben links einen Tennisarm.«
Verärgert beschließt Pfeiffer, die Maschine zu überlisten und gibt am folgenden Tag eine Probe ab, an der sich auch seine Frau beteiligt hat.
Der Computer druckt aus: »Erstens lasse ich mich von Ihnen nicht für dumm verkaufen. Zweitens ist Ihre Frau im vierten Monat schwanger. Drittens, wenn Sie weiterhin so onanieren, bekommen Sie auch rechts einen Tennisarm.«

Das Ehepaar hat sich gestritten, sie zieht ins Wohnzimmer. Er hält durch – acht Tage, zehn Tage. Am zwölften Tag klopft es laut an die Tür des Wohnzimmers.
»Ich bin böse mit dir, ich lasse dich nicht rein!« ruft sie.
Antwortet ihr Mann draußen: »Schau erst mal nach, womit ich geklopft habe...«

*

Der gutaussehende Herr mittleren Alters bittet den Ober im Nachtlokal, ihm die Bekanntschaft mit dem schönen Mädchen einige Tische weiter diskret zu vermitteln.
Nach einigen Minuten kommt der Ober zurück. »Grundsätzlich ist sie einverstanden«, sagt er. »Allerdings stellt sie drei Bedingungen: Erstens erwartet sie einen Mercedes zweihundertdreißig, zweitens einen Direktorenposten und drittens ein zwanzig Zentimeter langes Glied.«
Darauf der Gast verärgert: »Bestellen sie ihr, daß sie mich mal kann. Erstens habe ich einen Mercedes fünfhundert SL, zweitens bin ich Generaldirektor, und drittens lasse ich mir wegen ihr doch nicht fünf Zentimeter abschneiden!«

Es sagte der Genießer:

»Nur einem Mann ist es möglich, mal alle fünfe von sich zu strecken...«

Herbert war schon vierzig, als er zum erstenmal eine Frau liebte. Und gerade dabei traf ihn der Herzschlag.
Es dauerte eine Woche, bis das glückliche Lächeln aus seinem Gesicht verschwand. Und es dauerte zwei Wochen, bis man endlich den Sargdeckel schließen konnte...

Waiblinger stoppt an der Zapfsäule, schraubt den Tankdeckel auf, holt sein Ding raus und fängt an zu onanieren. Der Tankwart tippt ihm auf die Schulter. »He, Sie da! Scheren Sie sich hier weg, das ist doch nicht normal, Mann!«
»Nein, das ist Super!«

Es sagte der Soziologe:

»Die Frauen sind nun mal das schwache Geschlecht. Darum hat jeder Mann etwas, woran sich eine Frau festhalten kann.«

Zwei Männer buddeln sich am Nacktbadestrand tief in den Sand und lassen zum Spaß ihr männliches Charakteristikum unbedeckt.
Kommen zwei junge Frauen vorbei und wundern sich: »Nun schau dir das an, da heiratet man wegen den Dingern, und hier sprießen sie wie Spargel!«

*

Vor dem Buckingham Palace in London stehen zwei Touristinnen und wollen einmal ausprobieren, ob sie den supergebauten Gardesoldaten aus der Fassung bringen können. Sie fangen an, ihn zu mustern.
»Schau dir den an – glatte zwei Meter, ob der hohe Absätze trägt?«
»Hm, und die breiten Schultern, ob die wohl gepolstert sind?«
Die musternden Blicke wandern weiter nach unten auf die strammsitzende Hose.
»Schade, bestimmt nicht mehr als acht Zentimeter…«
Da zischt er: »Ja, genau, aber Durchmesser!«

»Oh«, sagt der Mann, als er die Striptease-Bar verläßt, »ich habe meinen Hut hängenlassen.«
»Hast du nicht«, antwortet seine Begleiterin. »Er hängt an deinem Schoß.«

*

Sie sitzen im Kino. Es gibt einen heißen Sexfilm.
Da sagt sie zu ihrem Freund: »Du, der Mann neben mir, der macht ganz schön an sich rum!«
»Ach, laß doch, nimm einfach keine Notiz von ihm«, rät der Freund.
»Das ist aber gar nicht so einfach«, antwortet sie. »Er macht es mit meiner Hand...«

*

Dialog im Schlafzimmer.
Sie: »Was glaubst du denn, wen du mit dem kleinen Ding glücklich machen kannst?«
Er: »Mich!«

*

»Noch nie war er so wertvoll wie heute«, staunte der Mann, als ihm drei Mädchen gleichzeitig ihr Bett anboten...

*

Ein Mädchen geht zögernd in einen Sex-Laden.
»Sie haben da im Fenster so einen Massagestab...«, bringt sie schließlich mühsam heraus.
»Ja, ja«, antwortet der Verkäufer hilfsbereit, »den möchten Sie sicher haben?«
»Aber nein, was denken Sie denn von mir!« Das Mädchen wird puterrot. »Ich möchte nur die Adresse von dem Mann, der dafür Modell gestanden hat!«

ES IST JA SCHON SELTSAM, DIE HAUPTSACHE IN DER ZWISCHENMENSCHLICHEN BEZIEHUNG HAT JA REIN GAR NICHTS MIT DEM KOPF ZU TUN.

Möllmann stürzt in die Kneipe und bestellt: »Einen Whisky und was zum Bumsen!«
Fragt der Wirt empört: »Haben Sie heute schon was aufs Maul bekommen?«
»Ja, dreimal. Aber noch nichts zum Bumsen.«

Es sagte der Sexberater:

»Manche Männer haben immer einen stehen, einfach weil er zum Hängen zu kurz ist.«

Eine Henne wird überfahren. Sie schüttelt sich die Federn zurecht und gackert: »Donnerwetter, endlich mal ein richtiger Hahn!«

*

Beim Fußballspiel ertönt plötzlich der Stadionlautsprecher:
»Der Inhaber des Kabriolets mit den schweinslederbezogenen Sitzen möchte sofort zu seinem Wagen kommen! Ein wildgewordener Eber bumst gerade den Rücksitz!«

*

Sex-Show in einer Bar in St. Pauli. Die Gäste sind gelangweilt und unzufrieden.
Wütend zischt der Chef den Hauptdarsteller an: »Sie haben mir versprochen, daß Sie es zwanzigmal pro Abend schaffen!«
»Ich versteh' das auch nicht, Boß«, sagt der Mann erschöpft, »vorhin bei der Probe hat es noch prima geklappt!«

Die junge Dame sitzt im Zugabteil und ihr gegenüber ein Mann, dessen Hose offen ist.
Ihr ist das peinlich, und sie weiß nicht recht, wie sie ihn darauf hinweisen soll.
Schließlich sagt sie: »Entschuldigung, Ihr Geschäft ist offen.«
Der Mann wird rot und macht seine Hose zu. Er räuspert sich verlegen, dann fragt er schüchtern: »Haben Sie etwa auch den Geschäftsführer gesehen?«
»Nein, nur die zwei Prokuristen.«

Es flüsterte die Verliebte:

»Oh, deine Worte gehen mir durch und durch!«
»Und das sind erst meine Worte!«

Ein Vater will seine drei Töchter aufklären. Er entscheidet sich für eine kleine Demonstration, setzt sich deshalb nackt auf die Wohnzimmercouch und ruft die Mädchen einzeln herein.
Als erste kommt die Sechzehnjährige. Der Vater deutet auf seinen Penis und fragt: »Weißt du, wozu man das benutzt?«
»Na klar, zum Bumsen.«
Dann die Vierzehnjährige. Die gleiche Frage, die gleiche Antwort.
Als letzte kommt die Zwölfjährige dran.
»Weißt du, wozu man das benutzt?« fragt sie der Vater.
»Ja, natürlich, zum Spielen«, erklärt die Jüngste.
»Und denkst du, daß das die einzige Möglichkeit ist?« hakt der Vater nach.
»Sicher, Papi. Zum Bumsen ist er zu klein.«

»Du mit deinem verdammten Größenwahn!« schimpft der Liebhaber, als die junge Frau mit einer riesigen Lupe zu ihm ins Bett steigt...

*

In der beliebten Fernseh-Spielshow geht es heute um das Thema Shakespeare.
»Ich nenne Ihnen jetzt vier Zahlen«, sagt der Quizmaster. »Gesucht werden die dazugehörigen Theaterstücke. Sind Sie bereit?«
»Ja.«
»Zehn Zentimeter.«
»›Viel Lärm um nichts‹.«
»Fünfzehn Zentimeter.«
»›Wie es Euch gefällt‹.«
»Zwanzig Zentimeter.«
»›Was Ihr wollt‹.«
»Fünfundzwanzig Zentimeter.«
»›Ein Sommernachtstraum‹.«
Meldet sich ein Gast aus der zweiten Reihe: »Dreißig Zentimeter.«
Darauf der Quizmaster: »Das ist nicht Shakespeare, sondern Grillparzer: ›Weh dem, der lügt‹.«

*

Stolz kommt Hufnagl vom Stammtisch nach Hause, eine Flasche Whisky unterm Arm.
»Hab' ich gewonnen«, erklärt er. »Ich hatte nämlich den Größten!«
»Bist du verrückt?« Seine Frau ist entsetzt. »Du hast ihn doch wohl nicht rumgezeigt?«
»Aber nein«, beruhigt er sie, »nur so viel, daß ich gewinnen konnte.«

Am FKK-Strand kommt ein Neger aus dem Wasser. Neidisch blicken alle Männer auf seinen Penis.
Meint der Schwarze ganz cool: »Wenn ihr ins kalte Wasser geht, wird eurer auch kleiner.«

*

Der Bus ist brechend voll. Sagt Franz zu der neben ihm stehenden Dame: »Da oben links ist ein Haltegriff.«
»Vielen Dank, ich habe schon einen«, antwortet sie.
»Ich weiß, aber ich muß jetzt aussteigen.«

*

Zwei Männer unterhalten sich an der Bar.
»Mein Pimmel heißt Hugo. Hast du deinem auch einen Namen gegeben?«
»Wozu? Meiner kommt auch, ohne daß man ihn ruft.«

*

Was sagte Adam zu Eva, als er sie zum erstenmal nackt sah?
Ganz einfach. »Schatz, geh noch ein Stück zurück, ich weiß nicht, wie lang er wird!«

»Was ist der Unterschied zwischen einem Präservativ und einem Heißluftballon?«

oder

Preisfragen für Fortgeschrittene

Brief an einen Eheberater:
Sehr geehrter Herr Doktor, ich weiß mir nicht mehr zu helfen. Mein Mann läßt mir keine Ruhe. Beim Bettenmachen kommt er; beim Kochen bedrängt er mich; selbst wenn ich Fenster putze... helfen Sie mir bitte! Ihre Charlotte B.
PS: Entschuldigen Sie bitte die verwackelte Handschrift.

*

Ein junger, draufgängerischer und ein alter, weiser Stier stehen auf der Wiese und sehen den weidenden Kühen zu.
»Los«, sagt der Junge, »rennen wir hin und vernaschen eine.«
»Nein«, meint der Alte, »wir gehen langsam rüber und vernaschen alle.«

Es fragte der Quizmaster:

»Können Sie mir sagen, warum das Radieschen so rot ist?«
»Es schämt sich, weil es so klein und doch schon so scharf ist.«

Ein Mann kommt zum Arzt und klagt über starke Schmerzen in den Knien.
»Überlegen Sie mal«, sagt der Doktor, »wann und wie belasten Sie denn Ihre Knie normalerweise?«
»Beim Liebesakt...«
Der Arzt zieht die Augenbrauen hoch. »Lieben Sie... mmmhh... Ihre Frau denn von hinten? Das sollten Sie wirklich nicht tun.«
Der Mann schüttelt den Kopf. »Aber wie sollen wir denn dann fernsehen, Herr Doktor?«

Der Bademeister gibt einer Traumfrau Schwimmunterricht.
Nach einer Weile fragt sie: »Ertrinke ich wirklich, wenn Sie Ihren Finger da unten rausnehmen?«

*

Was ist der Unterschied zwischen einem Penis und einem Reisepaß?
Den Reisepaß kann man verlängern.

*

Die flotte Vera runzelt auf dem Jugendamt unsicher die Stirn. »Wer der Vater des Kindes ist? Mein Gott...«
Fragt der Beamte: »Und sonst kommt wirklich niemand anderer in Frage?«

*

»Liebst du eigentlich lieber alte oder lieber junge Männer?« fragt Jutta ihre Kollegin.
»Ach, das ist mir egal«, meint diese achselzuckend. »Der alte braucht zwei Stunden, und der junge will zwei Stunden!«

*

Was versteht man unter Smogalarm im Schlafzimmer?
Dicke Luft und kein Verkehr.

*

Fragt der junge Hahn seinen Vater: »Wie ist es eigentlich, wenn man ein Ei bleibt?«
»Vergiß es«, antwortet der alte Hahn, »du brauchst sieben Minuten, um hart zu werden, und die einzige Frau, die mal auf dir sitzt, ist deine Mutter.«

HATTEN SIE NICHT SCHON LETZTE WOCHE EINE GEKAUFT?
JA SCHON, ABER WIR MUSSTEN UNS LEIDER TRENNEN.
GUMMIDOLL

Was ist der Unterschied zwischen dem Leben und dem Penis eines fünfzigjährigen Mannes?
Die Antwort ist ganz einfach: Das Leben ist sehr oft härter.

*

Die Frau Oberin fragt eine angehende Nonne: »Was würden Sie tun, wenn nachts im Wald ein Mann Sie mit einem Messer bedroht?«
Die junge Nonne überlegt einen Moment und meint dann: »Ich würde ihm die Hose herunterlassen und danach meinen Rock heben.«
Die Oberin schnappt nach Luft. »Sind Sie wahnsinnig?« fragt sie entsetzt.
»Nein, aber was glauben Sie, wer schneller läuft – er mit heruntergelassener Hose oder ich mit hochgehobenem Rock!«

*

Ein gewissenhafter Vater hat gerade in einem Gespräch von Mann zu Mann seinen fünfzehnjährigen Sohn aufgeklärt.
Die Mutter erkundigt sich: »Na, war eure kleine Unterhaltung erfolgreich?«
Der Vater lacht. »Und ob! Drei neue Stellungen hat mir der Racker verraten!«

*

Der Stammtischbruder schaut tiefsinnig in sein Glas.
»Kennt ihr den Unterschied zwischen Papageien und Schuhcreme?« will er wissen.
Keine Antwort.
»Na, dann kennt ihr vielleicht den Unterschied zwischen Vögeln und Wichsen…«

Anfrage eines späten Mädchens an den Ratgeber einer Zeitschrift: »Seit zwanzig Jahren schaue ich jeden Abend unter mein Bett, ob sich dort nicht ein Mann versteckt hält. Bisher war es immer vergebens. Was soll ich tun?«
Die Antwort lautet: »Sie vergrößern Ihre statistischen Chancen, wenn Sie sich ein zweites Bett kaufen.«

*

Was ist Selbstbefriedigung?
Liebe an und für sich.

Es fragte der Pferdefreund:

»Worin besteht der Unterschied zwischen einem Pferd und einer Frau?«
»Also...«
»Um einem Pferd in die Augen zu schauen, muß man erst heruntersteigen!«

Zwei schweigsame Schotten sitzen beim Angeln. Plötzlich zieht der eine eine Meerjungfrau an Land.
Er betrachtet sie kurz und wirft sie wieder ins Wasser zurück.
»Why?« fragt der andere.
Fragt der erste zurück: »How?«

*

»Kann man sich eigentlich auf der Toilette eine Geschlechtskrankheit holen?« fragt eine Medizinstudentin den Professor.
»Grundsätzlich ja«, meint der Wissenschaftler, »aber es ist sehr unbequem.«

Zwei Freundinnen telefonieren miteinander. Die eine erzählt der anderen: »Du wirst mir nicht glauben, was ich kürzlich erlebt habe. Letzte Woche klingelt es, und ein junger Mann steht vor der Tür. Als er mich fragt, ob mein Mann zu Hause ist, sage ich nein. Daraufhin packt er mich, schleppt mich ins Schlafzimmer und verführt mich. Das ist mir bis heute noch dreimal passiert. Langsam frage ich mich: Was will der Typ bloß von meinem Mann?«

Es überlegte der Verhaltensforscher:

»Worin der Unterschied zwischen Selbstbefriedigung und Geschlechtsverkehr besteht? Nun, beim letzteren lernt man mehr Leute kennen...«

Telefonanruf während der Sendung »Von mir zu dir«.
»Mein Verlobter möchte unbedingt schon vor der Ehe mit mir verkehren. Obwohl ich dagegen bin, bleibt er hart. Was soll ich tun?«
Rät der Spezialist für Beziehungsfragen: »Werden Sie weich, solange er hart ist...«

*

Eine Elf- und eine Sechzehnjährige ziehen sich in der Badeanstalt in derselben Kabine aus.
Neugierig starrt die Jüngere auf Busen und Schamhaare der Älteren.
Die meint daraufhin unwirsch: »Starr mich doch nicht so an. In ein paar Jahren kriegst du das auch.«
Meint die Kleine: »Ist ja ganz schön, aber stört das nicht wahnsinnig beim Bumsen?«

»Sag mal«, fragt die kleine Johanna ihren Bruder, »wohin geht eigentlich der Storch, wenn er das Baby gebracht hat?«
»Blöde Frage«, meint der Kleine. »Natürlich zurück in Papas Hose.«

*

Ein Einbrecher steigt nachts durch ein schmales, enges Kellerfenster. Als er die Treppe hochsteigt, findet er die Tochter des Hauses, nackt auf der Couch schlafend.
Er überlegt: Tue ich's, geht mir der Schmuck der Alten durch die Lappen, tue ich's nicht, komme ich nicht mehr durch das Kellerfenster...

*

Frage an Radio Eriwan: »Können Sie mir sagen, wie ich den neuerdings bei meinem Freund festgestellten homosexuellen Neigungen entgegenarbeiten kann?«
Radio Eriwan: »Im Prinzip ja: Kehren Sie ihm nie den Rükken!«

*

Der Eheberater bekommt eine Anfrage: »Meine Frau schließt beim Geschlechtsverkehr immer die Augen. Können Sie mir sagen, warum?«
Der Eheberater antwortet: »Schicken Sie mir doch mal ein Foto von sich.«

*

Was ist der Unterschied zwischen dem Bräutigam und der Hochzeitsgesellschaft?
Die Gäste haben abends so einen sitzen, daß sie nicht mehr stehen können.

Auf dem Stundenplan steht die Entdeckung Amerikas. »Noch eine Frage?« will der Lehrer zum Abschluß wissen.
Meldet sich der kleine Hugo. »Ja, Herr Lehrer, eines hätte ich gern noch gewußt: Was war denn so Besonderes am Ei des Kolumbus, und warum hatte er nur eines?«

Es fragte der Quizmaster:

»Wissen Sie, was Orgasmus auf schwäbisch heißt?«
»Jetzele!«

Leserbrief an die Moskauer Prawda: »Habe ich Schwierigkeiten mit Liebe. Können Genosse Redakteur mir geben Rat?«
Antwort der Prawda: »Genosse Leser, wickel gutes Stück in Prawda, in Prawda steht alles.«

*

Was ist der Unterschied zwischen einem Präservativ und einem Heißluftballon?
Wenn der Ballon platzt, dann gibt's einen weniger...

*

Zwei Männer diskutieren die Frage: Wer hat mehr vom Sex, die Frau oder der Mann? Man hat sehr gegenteilige Ansichten und bittet schließlich eine junge Frau um ihre Meinung.
Nach kurzem Überlegen meint sie: »Nun, meine Herren, wenn Ihr Ohr juckt, und Sie bohren mit dem Finger darin – wer hat dann mehr davon, der Finger oder das Ohr?«

FEINE SACHE, SO EIN PARTNERTAUSCH. ABER INTERESSIEREN WÜRD'S MICH SCHON, WAS UNSERE FRAUEN MACHEN.

Spezialisten unter sich.
»Welche Muskeln werden bei der Selbstbefriedigung am meisten angestrengt?«
»Keine Ahnung.«
»Die Nackenmuskeln.«
»Warum?«
»Weil man dauernd schauen muß, ob jemand kommt.«

*

Der Vater will einmal ein ernsthaftes Gespräch mit seinem Sohn führen.
»Also, mein Sohn«, beginnt er, »mit deinen fünfzehn Jahren solltest du langsam wissen, welchen Beruf du einmal ergreifen möchtest.«
»Natürlich«, antwortet der Sohn gelassen. »Zuhälter.«
»Wie bitte?« stammelt der Vater schockiert. »Und warum?«
»Na ja, weil ich als Kunde die Preise nicht mehr bezahlen kann!«

*

Die Blondine kann sich offensichtlich nicht entscheiden, soll sie oder soll sie nicht, und fragt den Bademeister: »Wie kalt ist denn das Wasser?«
Fragt der zurück: »In Grad oder in Zentimetern?«

»Der Eiffelturm steht morgen auch noch!«

oder

Nichts geht mehr

Das junge Mädchen hat den alten Millionär geheiratet. In der Hochzeitsnacht hebt er seine Hand und spreizt seine fünf Finger.
»Oh, Liebling«, fragt sie ganz entzückt, »bedeutet das fünfmal?«
»Nein, natürlich nicht«, meint er indigniert, »aber du kannst dir einen aussuchen!«

*

Ein Hundertjähriger wird interviewt.
»Und wie steht es mit Ihren Gefühlen für das andere Geschlecht?« fragt der Reporter.
»Ich kann nicht klagen«, meint der Jubilar, »jedenfalls viel besser als vor hundert Jahren.«

Es sagte der Sexberater:

»Wann ein Mann sich Gedanken um seine Potenz machen muß? Das erste Mal, wenn es beim zweiten Mal nicht mehr klappt, und das zweite Mal, wenn es beim ersten Mal nicht klappt.«

Haralds Frau hat eine interessante Art, zur Sache zu kommen.
»Das Kolosseum steht nun schon seit über zweitausend Jahren«, gibt sie zu bedenken. »Die Pyramiden wurden vor zweitausendfünfhundert Jahren errichtet, und die Rotbuchen in Kalifornien streben seit dreißig Jahrhunderten zum Himmel.«
Harald schaut sie mißtrauisch an und erkundigt sich: »Und worauf, bitte, willst du diesmal hinaus?«
Sie sagt es ihm: »Warum fällt dann deine Erektion jedesmal nach zwei Minuten zusammen?«

Drei Rentner sitzen auf der Parkbank in der Sonne und unterhalten sich.
»Ja, ja«, brummelt der in der Mitte schließlich vor sich hin, »man wird alt. Ich merke es in letzter Zeit ganz deutlich. Früher konnte ich ihn noch mit einer Hand runterdrücken – heute brauche ich beide Hände dazu!«

*

»Als ich so alt war wie ihr«, prahlt Opa, »da habe ich es ein paarmal am Tag gemacht. Aber man wird eben älter. Dann ist es nur noch einmal am Tag, schließlich nur noch einmal in der Woche, und zuletzt ist es nur noch einmal im Jahr.« Plötzlich grinst er und reibt sich die Hände. »Und das ist nächsten Freitag!«

*

Frage an Radio Eriwan: »Ich bin achtzehn Jahre alt und habe einen älteren Herrn kennengelernt, der mich heiraten möchte. Er sagt, ich hätte es gut bei ihm. Soll ich ihm das glauben?«
Radio Eriwan antwortet: »Im Prinzip ja. Sie werden es gewiß gut bei ihm haben – nur wahrscheinlich sehr, sehr selten!«

*

»Mein Mann ist wirklich ein Riesentrottel«, beschwert sich die Ehefrau bei ihrer Freundin. »Jetzt hat er es sogar geschafft, dreihundertprozentig impotent zu werden.«
»Dreihundertprozentig, wie geht denn das?« erkundigt sich die Freundin erstaunt.
»Normal konnte er sowieso nie. Jetzt ist er die Kellertreppe runtergefallen, hat sich beide Hände gebrochen und auf die Zunge gebissen.«

MEIN FREUND IST WIE EIN ABSTRAKTER MALER – EIN PAAR PINSELBEWEGUNGEN – UND SCHON IST ER FERTIG.

Zwei Rentner sitzen auf einer Bank im Park. Kommt eine hübsche, gutgewachsene Blondine vorbei. Da sagt der eine Rentner zum anderen: »Fritz, pfeif mal für mich. Ich habe mein Gebiß vergessen!«

*

Im Hotel sind zwei Hochzeitspaare abgestiegen, die in nebeneinanderliegenden Zimmern untergebracht werden. Das eine Paar: Sie ist neunzehn, er fast achtzig. Das andere Paar: Sie ist zwanzig und er achtundsechzig Jahre alt. Am Morgen nach der Hochzeitsnacht treffen sich die beiden jungen Frauen beim Frühstück. Die Männer schlafen noch.
»Sagen Sie«, meint die Zwanzigjährige, »Ihr Mann ist doch sogar noch älter als meiner. Trotzdem war bei Ihnen im Zimmer die ganze Nacht Jubel und Trubel, während bei mir und meinem Mann überhaupt nichts lief.«
»Bei uns war zuerst auch nichts los«, erklärt die Neunzehnjährige. »Aber dann haben wir ein lustiges Spiel erfunden. Mein Mann hat sich auf den Rücken gelegt. Ich habe sein Glied hochgehalten, und dann haben wir gewettet, nach welcher Seite es umkippt.«

Es sagte der Spezialist:

»Einer, der mit sechzig das noch kann, was er mit zwanzig konnte, hat wahrscheinlich mit zwanzig auch nicht viel gekonnt!«

»Kann ich mit hochkommen?« fragt ein älterer Herr das junge Mädchen vor dem Hoteleingang.
»Aber ja, wenn Sie hochkommen, können Sie mit hochkommen!«

Im Intercity sitzt ein hübsches junges Mädchen. Sie hat einen schwarzen Rock und eine rote Bluse an.
Ein älterer Mitreisender, der ihr gegenübersitzt, betrachtet sie wohlgefällig und sagt: »Ah, le rouge et le noir!«
Die Kleine pariert: »Faites votre jeux!«
Da seufzt er nur: »Rien ne va plus!«

*

Der Fünfundsechzigjährige hat eine Neunzehnjährige geheiratet. Eine Woche später ist er tot.
Am Grab raunt einer der Trauergäste einem anderen zu: »Er ist an der Mathematik gestorben.«
Der andere schaut verständnislos drein. »Wie meinen Sie das?«
»Na, er wollte unbedingt wissen, wie oft fünfundsechzig in neunzehn hineingeht...«

*

Der Ehemann kommt vom Arzt nach Hause und sagt zu seiner Frau: »Der Doktor hat festgestellt, daß ich nur noch fünfzig Schuß habe.«
»Ist doch halb so schlimm«, versucht sie ihn zu trösten, »wir müssen eben sparsam sein und einen Plan aufstellen.«
Da knurrt er: »Der Plan ist schon fertig. Du stehst allerdings nicht drauf.«

*

Opa ist gestorben und kommt in die Hölle. Dort trifft er einen alten Freund, der ein tolles Callgirl im Arm hält.
»Das ist ja eine feine Belohnung für dein Sündenleben!« wundert sich der Opa.
Der Freund protestiert: »Sie ist nicht meine Belohnung – ich bin ihre Strafe!«

Der kleine Peter kommt von der Schule nach Hause und fragt: »Mutti, was ist impotent?«
Die Mutter überlegt einen Moment, wie sie es ihm erklären soll, dann sagt sie: »Weißt du, das ist etwa so, wie wenn du mit gekochten Spaghetti Mikado spielen willst.«

*

Carola liegt mit einem älteren Verehrer im Bett. Plötzlich flüstert sie: »Liebling, was hast du? Du hast auf einmal ganz rote Augen!«
»Verflixt!« murmelt er da. »Steht das Ding schon wieder auf Reserve!«

*

Prustend frottiert sich der Ehemann morgens im Bad nach der Dusche.
»Wunderbar ist das«, sagt er. »Jedesmal, wenn ich kalt geduscht habe, fühle ich mich um Jahre verjüngt.«
Anzüglich meint daraufhin die Ehefrau: »Wie wäre es denn dann, wenn du auch mal abends eine kalte Dusche nehmen würdest?«

*

»Und wie soll Ihre Zukünftige aussehen?« fragt die Heiratsvermittlerin den alten Herrn. »Schwarzhaarig, rot oder blond?«
Er zuckt mit den Schultern. »Ach, das ist mir ziemlich gleichgültig«, meint er.
»Und die Figur? Mollig oder schlank, groß oder klein?«
»Spielt auch keine Rolle.«
»Haben Sie denn gar keinen speziellen Wunsch?« wundert sie sich.
»O doch«, flüstert er, »Geduld muß sie haben...«

GERHART HAT MIR GESTERN IM GARTEN EIN ROTSCHWÄNZCHEN GEZEIGT.
OH! - GUT, DASS DU MIR DAS SAGST, DANN IST MEIN LIPPENSTIFT NICHT KUSSECHT.

Es sagt der Herr Direktor, der seine Sekretärin zum erstenmal auf Geschäftsreise mit nach Paris genommen hat: »Gehen wir zuerst auf den Eiffelturm oder gleich ins Hotel?« Es sagt die Sekretärin zum Herrn Direktor: »Wir gehen gleich ins Hotel. Der Eiffelturm steht morgen auch noch ...«

Es sagte der Quizmaster:

»Woran erkennt man, wenn ein Mann alt wird?« – »Wenn es beim Gruppensex heißt: ›Du bist an der Reihe‹, und er antwortet: ›Danke, ich war schon dran‹ ...«

»Herr Doktor«, fragt der nicht mehr ganz junge Patient, »stimmt es wirklich, daß eine Karotte gegen Impotenz hilft?«
»Also, wissen Sie, im Grunde genommen schon«, erwidert der Arzt, »das Problem ist hier nur die Frage der Befestigung!«

*

»Der General kann heute nicht kommen«, meldet der Major dem Stellvertreter des Generals.
»Warum nicht?«
»Es ist ihm etwas passiert.«
»Was denn?«
»Der General ist mit einer ganz jungen Frau verheiratet.«
»Ja und?«
»Gestern abend ist er in der Villa herumgelaufen, hat mit der Pistole auf seinen Penis gezielt und geschrien: Stehenbleiben oder ich schieße!«
»Und?«
»Er ist nicht stehengeblieben.«

Ein bejahrter Ehemann spürt eines Nachts, daß sich bei ihm etwas regt. Eilig weckt er seine Frau.
»Hilde, schau nur, was sich bei mir tut!«
»Das ist ja großartig!« flüstert sie. »Komm schnell zu mir.«
»Nein, komm du lieber zu mir, ich weiß nicht, ob er die Reise übersteht!«

*

Die Familie macht Urlaub auf einem Bauernhof. Die kleine Susi beobachtet einen Hengst, der gerade eine Stute besteigen will, und fragt: »Mutti, was hat denn das Pferd da unten? Ist es krank?«
»Nein, überhaupt nicht«, beruhigt die Mutter sie. »Es ist kerngesund. Ich wollte, Papa wäre so gesund wie dieses Pferd.«

Es überlegte der Senior:

»Bei der Liebe ist etwas nicht mehr in Ordnung, wenn der Atem das einzige ist, was noch stoßweise geht...«

Alfons steht nackt vor dem Spiegel, sieht an sich hinunter und resümiert: »Wir beide, mein Lieber, haben doch allerlei zusammen erlebt! Du solltest mir dafür sehr dankbar sein.«
»Ist er doch«, mischt sich die Ehefrau ins traute Zwiegespräch. »Früher schon stand er sehr auf dich, aber jetzt hängt er immer mehr an dir!«

»Haben Sie Lust, um eine Flasche Champagner zu wetten?« fragt Hielscher den Barmixer. »Ich kann jedem Mann eine Erektion verschaffen, wenn ich mit den Fingern schnippe. Und wenn ich anschließend pfeife, ist alles vorbei.«
Der Barmann wettet dagegen und muß erleben, wie sich bei einem ahnungslosen Gast die Hose wölbt. Plötzlich hat er eine Idee und winkt einen hageren Greis an die Theke.
Hielscher schnippt lässig mit den Fingern. Der Alte bekommt einen Mordsständer, zieht überraschend einen Revolver aus der Tasche, sieht auf den Wundertäter und sagt: »Wenn du jetzt pfeifst, knall' ich dich ab!«

*

Hermann hat bei offenem Fenster geschlafen.
Am nächsten Morgen stöhnt er: »Jetzt habe ich wieder einen steifen Nacken!«
Darauf seine Frau: »Dann kann man ja direkt noch hoffen...«